# 南山教育记忆

（1979—2006）

禹明 主编

**口述历史**

献给中国改革开放40周年

商务印书馆
创于1897 The Commercial Press
2018年·北京

**图书在版编目(CIP)数据**

南山教育记忆 / 禹明主编 . -- 北京 : 商务印书馆 , 2018
ISBN 978-7-100-15896-1

Ⅰ . ①南… Ⅱ . ①禹… Ⅲ . ①地方教育—教育史—深圳 Ⅳ . ① G527.653

中国版本图书馆 CIP 数据核字 (2018) 第 040440 号



**南山教育记忆**
禹明 主编

---

商 务 印 书 馆 出 版
（北京王府井大街 36 号 邮政编码 100710）
商 务 印 书 馆 发 行
北京市十月印刷有限公司印刷
ISBN 978-7-100-15896-1

---

2018 年 3 月第 1 版　　开本 787 × 960 1/16
2018 年 3 月北京第 1 次印刷　　印张 16 插页 8
定价：56.00 元

# 岁月流光

70年代的南头城小学

70年代的南头中学

70年代的塘朗小学校舍
（叶小勇供稿）

70年代的向南小学（资料图）

1975年蛇口中学的教学楼。前面的校门牌楼是蛇口小学。（郑耀辉供稿）

1977年蛇口中学全景（霍维新摄）

80年代的白芒小学
（资料图）

留仙小学建筑物老照片

早期育才中学

1990—2003年的南山区教育局

1996—2003年的南山区教科中心旧楼

2017年蛇口学校全景（郑耀辉供稿）

2017塘朗小学校舍
（叶小勇供稿）

今日育才中学

今日留仙小学

今日南头中学

南山教育信息大厦

# 长河撷英

1985年国家教委副主任何东昌视察育才学校

1987年国家教委副主任邹时炎视察育才学校

1995年国家教委副主任王明达视察南山教育

1997年国家教委副主任柳斌参观南山区“区域教育现代化”成果展

1997年国家教委副主任柳斌参观南山区区域教育现代化成果展览

1997年南山区通过了广东省普教综合水平督导评估

1998年教育部副部长王湛为华侨城小学“国家绿色学校”揭牌

2000年南山区企业学校移交给政府

2000年教育部副部长章新胜在南山出席国家教育发展中心第二次专家咨询会

2001年广东省基础教育课程改革工作会议在南山召开

2001年国家副总督学郭振有在南山指导工作

2001年11月教育部朱慕菊副司长考察南山课改

2002年南山教育信息大厦奠基仪式
右起：吴声洛、李忠俊、陶广放、贾非、禹明、张效民

2003年4月育才教育集团成立

2005年9月30日教育部副部长陈晓娅（前二排左八）等考查蛇口学校
（郑耀辉供稿）

# 《南山教育记忆》编委会

# 南山教育在传承中发展，在传承中创新

## （代序）

南山区政协副主席
南山区教育局局长
刘根平

1992 年，小平同志南巡，将深圳的改革开放推向了又一个崭新的阶段。深圳，再次成为全国人民热议的话题。

1993 年春，我告别东北师范大学，从肥沃富饶的黑土地来到了涛涛南海之滨，来到刚成立不久的深圳市南山区，从高等教育扎进了基础教育，开始我人生新的征程。

25 年过去了，我亲身经历了南山教育从农村教育走向现代化教育的转型。刚来南山时，我参加了博伦职校的创建，在李硕校长的带领下，办起了南山区第一所职业高中。在博伦职校，我任教导主任和副校长 3 年。3 年后，我调到区教科所任所长，后来又先后担任南山外语学校校长、育才教育集团总校长兼育才高中校长和区教育局副局长。阅读《南山教育记忆》的书稿时，我被口述者的故事带回到了那些激情燃烧的岁月，那些艰苦奋斗的岁月，我为我们曾经走过的路而激动，而自豪。

2013 年 3 月，区委区政府任命我为南山区教育局局长。我是南山区教育局第六任局长。接过沉甸甸的接力棒，我感到责任重大。我常常想的一个问题就是，历任局长推动了南山教育的不断改革和发展，我应该怎样在传承中去发展、在传承中去创新，在新的社会背景下续写南山教育的更大辉煌?

做好顶层战略设计是南山教育的宝贵经验之一。刘焯铿局长在1993年制定的《南山教育工程》和李忠俊局长制定的课改策略就是这种超前设计的杰作。未来发展取决于前瞻设计，这是南山在基础教育历次改革中一直领先的秘诀。我们这个班子接手后，根据南山区社会经济发展的需求，先后制订了《南山区教育质量攻坚五年计划》等，提出了打造南山质量和南山质量标准和“让每一所学校都优质，每一位老师都精彩，每一位学生都幸福”的目标，取得了南山教育全面创新和突破性发展。最近，我们又在思考南山教育未来更长时间的改革与发展战略。

创新是南山教育发展的灵魂。在教育创新发展的过程中，思维体系、话语体系、行为体系的转变必然导向教育目标转变、教育学的方式转变和教育评价体系的转变。南山教育一直在从外延和内涵两个方面进行创新。现在，我们更有效地利用了南山高科技、资源优势，创设了少年创新院、开设博士课堂，成立了机器人创客联盟、动漫教育创客联盟等。我们和柴火空间等科研单位、深圳大学建立了共享机制，完善了“大学—中小学伙伴计划”。

南山教育一开始就强调“人才库”战略，特别重视优秀校园长和优秀教师的引进与培养。我认为，南山教育要实现优质、均衡的发展，关键在教师。于是，我们成立了教师发展中心，打造教师发展3.0版，推行量身定制的教师培养模式，实施以行政为导向的“先锋计划”和以学术为导向的“引领者计划”，几年来，我们培养了大批的骨干教师和精英教师。在2016和2017两年的深圳市年度教师评选中，南山教师都榜上有名。

南山北部地区的教育一直是历届局领导关注的重点之一。5年多来，我们加大了对北部教育的扶持力度，连续打出6张牌，即：就地打造名牌学校，成立南方科技大学实验教育集团；利用中科院先进院的优势，成立中科院先进院实验学校；成立大学城联盟学校；利用本土优势，成立文理学校；引进国外资源，成立民办道尔顿新华公学；南部片区4所集团化学校牵手北部学校等创新性举措。我们终于改变了南山北部的教育格局，提升了学校的教育质量，受到了一致称赞。

5年来，南山作为综合改革的先行区，在大力推进教育公平的同时，致力于提高教育质量。一项项改革举措、一个个发展成效，使南山又一次占领了教育发展的新高地。

《南山教育记忆》的出版，让我们重温了南山教育发展的历史，提醒我们不忘初心。今天的南山正处于教育快速发展与整体提升协调推进、教育公平与教育质量并驾齐驱、创新超越与示范引领的“三期叠加”的最好时期。党的“十九大”胜利召开后，我国进入了新时代。建设教育强国是实现中华民族伟大复兴的基础工程。我们将加快推进教育的均衡化、优质化、国际化和特色化，建成与南山区“世界级创新型滨海中心城区”战略相适应的、面向未来、具有南山特色和国际水平的创新型现代教育体系。

站在新的历史起点上，南山教育人不会忘记历史，不会忘记使命。我们一定会砥砺前行，创造南山教育更美好的未来。

2017年11月18日

# 前 言

1990年，南山区成立，开始了南山区社会、经济、教育腾飞的历史。南山教育，在薄弱的基础上起步，从农村教育走向了城市教育，又从城市教育走向了现代化教育，成为广东省第一个教育强区和教育现代化示范区。这是一段令人难忘的历史，这是南山教育工作者努力奋斗不断收获的历史。为了记录南山教育发展的光辉足迹，传承教育前辈的改革创新精神，我们编写了《南山教育记忆》一书，回忆南山教育的激情岁月，共创南山教育更美好的未来。

2008年，《南山教育志》（曾令格主编，曾江总撰）出版，内部发行。《南山教育志》“第二章”把改革开放起至2006年的南山教育分为5个阶段，分别是：奠基起步阶段（1979—1990）、改革创新阶段（1990—1994）、完善提高阶段（1994—1998）、创建教育强区阶段（1998—2002）和持续发展阶段（2002—2006）。

《南山教育记忆》就是依据《南山教育志》的时段划分，通过南山教育经历者们的口述，回忆了1979年至2006年间，特别是1990年南山建区以后南山教育发生的重大事情。可以说，《南山教育记忆》是对《南山教育志》的诠释与补充。

本书的编写主旨是：说出你的故事，留下你的精彩。本书的口述者都是在改革开放的大潮中，从祖国各地来到南头半岛的，他们亲身经历了南山教育艰苦的创业过程，亲眼见证了南山教育从落后的农村教育走向教育现代化强区的过程。他们娓娓道来的故事，有辛酸、有困惑，但更多的是，有理想、有激情。我们的采访，再次撬动了他们的回忆。在他们口述的一个一个故事里，我们可以想象到，一群风华正茂的年轻教育人，在海风习习的半岛上开始教育的创新之旅：在铁皮房里规划，在村落里穿行，在教室里听课，在球场上竞技。他们用汗水、用智慧改变了南山教育，他们最初绘制的蓝图，最终化成了美好的现实。

本书编写的原则是真实性与可读性。真实性，体现在对南山教育历史的尊重，对口述者立场的尊重，力求反映南山教育历史的本来面貌；可读性，体现在以叙说故事的方式还原过去的岁月，给读者再现南山教育发展的画面。

本书的采访对象是长期在南山教育战线工作、且已退休的原南山区教育局领导及部分学校领导，由于时间、空间、健康情况等多种原因，有些原来预定的采访对象未能及时联系上，无法在预定的时间内进行采访，留下些许遗憾，我们希望下次补上。

南山教育的辉煌，离不开历届区委、区政府的正确领导，1979 年至 2006 年间曾经分管南头区教育工作的王哲先生和分管南山区教育工作的副区长黄水桂先生、邱梅女士、毛晓碚女士和罗敏女士等都为南山教育的发展作出了极大的贡献，引领了南山教育的快速发展。我们不会忘记他（她）们，并借本书出版之际，向他（她）们表示崇高的敬意。

感谢南山区教育局各位领导对本书编写的大力支持，感谢南山区教育局和教科中心对本书出版的资助。特别感谢南山区政协副主席兼南山区教育局长刘根平在百忙之中为本书作序。根平副主席是 1993 年从东北师大来到南山的，曾在博伦职校、区教科中心、南山外语学校和育才集团担任领导。从他所写的序言中可以看到，南山教育敢为人先的创新精神，艰苦奋斗的务实精神得到了很好的传承，南山教育更加蒸蒸日上，不断富有新意。让我们祝福南山教育的未来会更美好。

本书的编写，历时一年多。感谢时代新韵传媒公司的各位同仁对本书编写的巨大支持，他们出于对南山教育的尊重与感动，以义工的方式派员采访、整理录音，花费了大量的时间，做了大量的工作。得益于他们的协助与努力，这本书才最终完成。

由于时间、水平等诸多原因，本书肯定有些不尽人意的地方，敬请读者海涵。

编者

2017 年 10 月

# 目　录

# 甘为南山教育铺路

曾建中

曾建中，原南头区教育局局长、南山区教育局副局长

## 一

我是1977年从西乡调到蛇口小学担任校长的，后来兼任蛇口公社教育办公室主任。

1983年深圳市特区把罗湖分成四个区——罗湖、上步、南头、沙头角。组织上动员我去南头区筹建教育局，起初我不想去，向组织上讲了很多理由，说自己水平不高，从来没有机关工作经验，几十年来都是老师，都是与老师、学生打交道，不能胜任此项工作，怕辜负党和人民的期望，并请求蛇口公社党委书记邓启良同志给我说情。后来筹建南头区的郑锦平区长鼓励我，说现在政治形势与以前不同，邓小平同志出来领导中央工作，时代不同不应该顾虑家庭出身问题，应该服从组织，有机会有能力应更多地为党和人民做点事情。

听了老领导这番话，思想上的问题基本解决，但家庭的问题没有，因为我们夫妻分居20年，好不容易才调回蛇口，在蛇口这几年自己也一心一意地扑向工作，除了一日三餐回家吃饭外，其余时间都在学校工作，为的就是要向组织、领导、社会交上一份合格的答卷。工作上已

有基础了，可以对家庭多一些照顾时，又要离开，确实感到不是滋味。1983 年 9 月组织调我到南头区筹建教育局，对家庭多照顾的计划又落空了。

调令到后，我去南头区组织部向张学强部长报到，当时安排给我的办公室（现在区城管局执法办）仅 8 平方米，办公设备为一张办公台、一张椅子、一个水壶、五个茶杯。其他办公用品只能到南头公社教育办公室（现在南头古城办公室二楼）领用。就是这样，我与林仕生、云昌荣、方健文、刘志彪等同志一起开始了南头区教育局的筹建工作，一周后罗湖区教育局张培局长得知我的情况后慷慨地借了 1000 元给我们开展工作。

当时南头区有三个主要领导，书记谢丰祥、区委副书记王哲、副区长郑锦平。王哲副书记主管教育。他参加过抗日战争、解放战争、抗美援朝战争，来深圳前任黑龙江省牡丹江市市委副书记，来深圳后担任罗湖区主管城管的领导。罗湖区分成罗湖、上步、南头、沙头角四区后，他调任南头区副书记，主管人事、教育、侨办、宣传、卫生等工作。他的党性强，组织纪律要求严，工作深入，生活艰苦朴素，工作质量要求高，达不到他的要求就肯定会被批评。他对我们教育局很有感情，向他汇报工作他都很认真地听，并且作出具体指示。他对我很好，从来没有批评过我。有一次我生病，他经常晚上下班后，专程跑到蛇口看望我，给我鼓励很大。

我到了教育局，第一步是先了解区领导工作思路、指导思想以及工作方法，接着深入到全区各学校调查研究，加强与各办事处联系。第二步是充实教育局人员。首先，每个办事处都设立教育办公室，配备一名同志，属教育局编制，教办实行教育局与办事处双重领导，职能是：一是加强与地方党委及基层大队党支部的沟通协调，争取工作上的支持；二是关心老师工作，改善老师生活待遇，提高老师社会地位，调动老师工作积极性。教办人员共有：蛇口霍维新、南山方建文、南头黄玉槐和西丽游应连四位同志，沙河没有设教办。然后从学校选调了部分同志到局里工作。林仕生同志负责办公室人事工作，姜富庭、云昌荣两同志负责教学工作，王寿能同志负责财务后勤基建工作，万启和同志负责文书资料，刘志彪同志负责扫盲业余工作，全局同志由 1 人增加到 7 人（不包括教办），工作分工后，各负其责。

我负责全面工作。由于特区建设初期百业待兴，市的建设重点是先罗湖后上步，南头区是郊区，有关部门对南头关心很少，根据这种情况我一方面向上走，主动向上级要钱财和人才。但是调来深圳的老师都不想到南头来，因为当时南头仍是农村的环境，很荒凉，到处是灰尘，没有一条像样的街道。南头的学校除了蛇口小学像样一点外，其他学校都设立在解放前建造的农村祠堂和公社化的饭堂里，经过几十年的风吹雨打，大多数都属于危房，外来的老师不少都给吓跑了。另一方面我向下跑，到各大队去要学校用地并发动港澳华侨厂商捐款修建校舍，增加教学设施。为了引起市领导关心重视，我与霍维新同志一起跑了几天，把南头区的校舍状况拍成相片，通过周溪武副市长的妻子和财政局陈科长的关系分送到市委书记梁湘和周溪武等领导。

1984 年上半年，市政府立项拨款 40 万元改造南头小学，首先建起工字楼（一幢四层 24 个标准教室的建筑）和一些配套设施。1984 年下半年新学期投入使用，区委书记谢丰祥同志亲自剪彩。省教育厅梁厅长等领导来区视察，了解到南头区校舍落后的情况后，用变通办法支持 2 万元（因为特区经济大包管，不能直接拨款，否则没收归国库），我将这 2 万元全部用在南头小学，包括教育局平整足球场和学校环境，并筑起围墙（整个学校四周包括现在教育局、妇幼中心、法庭、新桃园大酒店三分之一的用地）；当时教育局和南头小学总面积达 96 亩。这个规模是南头小学老校长姜富庭在当地群众支持下所建立的，当时一部分作教育用地，其余土地用来办小农场。所以现在每任校长都很尊重姜富庭同志，每年春节都上门看望姜富庭老校长，他很欣慰。

1984 年教育局逐步充实力量，杨锦杰同志充实到办公室；何志锋同志负责成人教育；抽调珠光小学黄炳雄同志筹办教育服务公司；抽调南头小学冯运强担任教研员。人员增加后，区委批准设立人事股，林仕生同志任股长；教育股，姜富庭任股长；财务股，王寿能任股长。教育局内设办公室，由林仕生兼办公室主任。教育服务公司由黄炳雄同志任经理；教育局财务是江灿基同志。后来再从塘朗小学把邓连发老师调到服务公司工作。

省教育厅计划财务处单处长对我们很支持，知道我区学校很分散，下学校开展工作很困难。由中山县教育局勤工俭学办公室拨 2 万元寄到蛇口小学转给教育局买车。当时我到市政府找到李定秘书长，要求给一部进口车指标，花去 19600 多元买了部日本进口 12 座面包车。这是南头区各部委局的第一部车。其他局不知情况也向书记、区长要车，区领导只好向他们逐一解释；教育局是自己想办法找上级支持解决的，你们谁能找到钱，谁就可以买。

## 二

1985 年我们继续向市领导反映，争取解决各校危房和西丽片区中学筹建问题。当时西丽片区塘朗、大磡、白芒等地的孩子读中学只能到南头中学，路途遥远。当年市政府只拨下了 25 万元作为解决各校危房的专款。钱实在太少了！怎么办？我就采用钓鱼的办法，一方面发动港澳同胞及厂商捐助，另一方面争取各大队有钱出钱，有地出地，有力出力。如大冲小学原来校舍在大冲村内几间瓦平房里，是危房，没有活动场地，我与当时大冲小学校长刘玉宗同志一起去找大队党支部书记吴带同志商讨：由区教育局出钱建标准教学楼，大队出土地，一起建新学校。这个做法得到了他们的支持。而且下面的生产队也积极响应，出了部分钱，三方一起兴建新校舍，平整了学校的场地，筑起了校园挡土墙，把几十亩山岗围起来，形成了目前的规模。刘玉宗校长为建设标准而又优美的学校环境动了很多脑筋，流了不少汗水，立了大功。此外学校还发动了本村香港同胞吴志强先生在学校内建起一栋二层幼儿园，解决当地幼儿入园难题，造福了一方。

珠光小学原来的校舍是村内一所破烂的祠堂，时任校长黄炳雄和朱校长两位同志经常向珠光大队干部宣传办好学校培养好下一代的意义和功德，请求大队解决土地，结果大队划了几十亩土地给学校发展建设。师生们终于从破旧祠堂里搬迁到了现代的标准化校址。

塘朗小学原来设在田寮村内的一间非常破旧的榨花生油的厂房内，没有活动地方，只有几间破烂的课室，下雨时就漏水，学生不能上课。蔡国宾校长、周锦亮主任等同志经过艰苦深入的解释发动，大队无偿地支持了几十亩土地建学校。经过多年的艰苦工作，塘朗小学也办成了一间现代化的学校。香港同胞郑合来先生也作出了很大的贡献，他为家乡捐款建了一栋二层的标准教学办公楼。落成时，南头中学香港校友会回来 100 多人，市教育局、区、办事处的领导也亲临祝贺，当时对山区的教育来说，确实是一件大喜事。

南山小学的教室原来都是破旧瓦房，也没有活动场地，课室门前群众来来往往，经常干扰学生上课，根本不像学校，后来得到了市规划局的同意，扩大了校园。但红线范围内有部分民宅是香港同胞的，拆迁工作涉及华侨政策，改造工作量很大，教育局与历任校长瞿景光、吴绚章、黄美英、张淑桂等都为此作出了艰苦工作，在大队支部书记吴伟太等同志的大力支持下，解决了各种困难，改迁群众来往的通道，填平鱼塘，扩建课室，填高活动场地以防水淹，并修筑校园围墙，形成了今天环境优美、设施齐全的南山小学。

大磡小学原来是几间不像样的破旧瓦房，我与校长林石稳同志商量决定先择一个环境优美、交通方便、有利发展的地方建新学校。经过多次深入大磡村与林石稳校长研究，最后选择了现在的校址这片地方。接着我们多次与当时大队书记杨锡坚同志商谈，向他宣传办好教育的重要性，经过多次打交道，感动了杨锡坚等干部，决定由教育局出资兴建教学楼，大队负责提供土地。我们在大队给的小山岗上建起了教室、教师宿舍、运动场地、校办工厂等，同时在学校对面办起小农场种了荔枝。

曾建中局长（右二）在大磡小学调研，右一为时任副区长黄水桂

杨锡坚同志、林石稳校长为大磡小学的发展建设花了很大的精力，作出了很大的贡献。我相信大磡人是不会忘记他们的。

麻磡小学原来设在麻磡村内一间破旧小瓦房里，我与当时校长张伟良同志一起积极主动做干部群众工作，发动群众支持搬迁学校，结果在当时大队张书记支持下，学校用地也得到解决（现在的校址是教育基地），关于学校的规划建设，张伟良校长那几年出了很大力气，流了不少汗水。

白芒小学原来用的是几间用麻石建起来的危房，场地很小，当时我与张显昌、张育才校长多次去找大队干部商讨改善学校办学条件，要求大队积极支持，经过深入艰苦思想工作，干部群众愿意给土地让学校发展。在张育才校长的多年艰苦奋斗下，白芒小学才有了今天优美的环境。

向南小学原来是几间瓦平房，教育局与当时的校长罗冠华同志主动争取南山办事处党委副书记郑志刚（做过向南小学校长）及大队的支持，把学校附近的土地拨给学校发展扩大。向南小学当时的校长张淑桂同志多次前往香港，发动向南村在港同乡会捐款以改善办学条件，他们既送钱又送小汽车，大大改善了教学条件，为今天的发展打下良好的基础。

平山小学原来只有几间瓦房做教室，教师没有宿舍，没有活动场地，我与当时的王健良校长、马主任一起多次找大队方书记等村干部，争取了他们对学校发展的支持，将学校附近的一片山岗地划给了学校，并由教育局出资推平做成足球场，其他部分用来办小农场种荔枝树。后来为了适应西丽片区的发展，将原来的校址迁到现在的新校址。

西丽小学原来也是用几间破旧平瓦房做课室，活动场地只有一个篮球场的面积。区教育局和游应连、袁光强两任校长向当地干部做了大量艰苦细致的思想工作，才同意把现在的学校所有的土地无偿捐赠给学校，教育局负责出资分级建好挡土墙，平整活动场地。

赤湾小学更艰苦，借生产队办公室办教育，区教育局与叶国璜校长主动争取大队书记吴娣同志的支持，一起向南山开发公司的领导反映困难，最后大队出土地，教育局和南山公司共同出资兴建了新的学校。

西丽中学（现南山文理实验学校地址）于1985年由市规划局在山边规划了一块山边地，由于面积还不到要求，有安全隐患。经过多次向市计划局简处长、高华友科长请示汇报，现场调研，最终同意重新规划办学用地。在西丽办事处主管教育的曾天福书记、负责筹办西丽中学的李忠俊同志的共同努力下，珠光大队书记何运来同志以优惠的价格提供了现西丽中学的用地，当时筹建工作生活条件非常艰苦，住的是铁皮房，来南头办事靠走路。原来规划的西丽中学那块地继续给区教育局做勤工俭学基地，教育局安排给西丽教办操作，收入与教育局共享。但后来由于种种原因，这块地已不知属于哪些单位了……

南头中学是一所拥有百年历史的学校，1986年1月由区教育局接管后，首先做的是改善学校环境，扩大学校活动场地：拆迁了运动场中的英国归侨老太太的一栋带果园的二层瓦房，平整场地，用花岗岩砌成观看台。在王哲副书记的亲自指挥下，克服种种困难，经过数月艰苦工作，一个相当规模的综合运动场终于建起来了。接着我们又发动以郑合来先生为首的香港南头中学校友会的校友们捐款，兴建了南头中学的校门牌楼（2005年为了利用这个地方建体育馆把这个门楼拆掉），为现在争创全国示范性高中打下了良好基础。

1986年底和1987年初，为了筹办荔香中学，解决向南小学、南山小学的小孩就近上学问题，我们多次到市计划局、规划局等部门要求立项规划用地，都没有得到解决。原因很简单，市有关部门对南头区的工作很不重视，认为不是市建设重点。最后我们越级直接找到主管副市长李传芳才得到解决，安排了50亩教育用地。由于荔香中学的校址用地全部都是一片2米多深的鱼塘，建设进度很慢。为了不影响学生的学习，荔香中学吴初调校长向南头小学借了几间平房，一边上课，一边建校，克服了种种困难，为荔香中学的建设立下了汗马功劳。

1984年底，为了配合南头区的经济发展，我们积极主动开展成人教育，为南头区各行业培养人才。开办之初，在南头小学借来几间旧瓦房作为成人教育基地，并派出何志锋主管成教这条线，先后办起了成人中学、成人中专，开设经理班、厂长班、财会人员班等，并借助深圳师范学院力量办起了教师大专班（国家承认学历），提高了教师队伍的学历水平。为了适应形势发展，我们主动争取市里立项建设了一栋四层成人中专教学楼，当时是全市各区最早建立的深圳市电大分校（处级单位），分校由何志峰兼任校长。

为了稳定教师安心在南头工作，我们千方百计为教师多做一些福利性的工作，1986 年将建校节约出来的钱，在教育局旁边建起了一间标准的教育幼儿园，专门解决教师的子女入园问题，以及区政府机关干部、公检法干部的子女入园问题。另处在大王山，市规划局规划了一块住宅用地，专给教育局建老师住房。我们又请求区委、区政府给西丽片区的教师发放经济补助，经过区委、区政府常委会研究决定同意每月补给教师一些钱，同意教育局开展勤工俭学，办工厂创收入，改善办学条件和改善教育局机关同志和老师的生活待遇。此外，我们还争取了省教育厅计财处、市财政局的支持，以借款之名得到了相当数量的款项兴建厂房，我们在教育局附近建起了两栋制衣厂、胶花厂、木工制造厂。我们又将园丁楼第四栋一、二层用来办厂，三至六层安排老师住宿。在西丽小学建了一栋厂房租给了港商办厂，南头中学也建起了几栋工厂来创收。我区勤工俭学搞得有声有色，无论对改善办学条件还是老师的生活都起到了一定的作用，南头中学被评为全国开展勤工俭学活动先进单位。

在全局同志的艰苦奋斗下，在区委、区政府的正确领导下，在市政府有关部门和省教育厅的大力支持下，在广大干部群众和港澳侨胞、厂商捐款捐物、捐土地的支持下，我区在 1986 年终于解决了“一无两有”（即无危房、有校舍、有课桌），实际上我们完成“一无四有”（即无危房、有校舍、有桌椅、有风扇、有日光灯），同时配备了常规教学仪器，被广东省评为“一无两有”先进单位。我代表南头区出席省先进代表会议，我本人被区委记大功一次，评为教育战线开荒牛，《深圳特区报》记者把我的优秀事迹登载在《深圳特区报》上。1984年至1990年南头教育局每年都被评为区先进单位、区先进党支部，多次被市政府评为先进单位，我本人多次被市、区评为先进教育工作者和优秀党员。

为了庆祝第一个教师节，在区委的领导下，区教育局充分调动各方面的力量，向全社会宣传办好教育的深远意义。香港南头中学校友会在郑合来会长的带领下，不但给我们捐钱捐物支持我们开展此活动，还带领100多名校友们从香港赶回来参加我们举办的大型南头小学团体操表演，这次活动影响很好。在家的区委主要领导谢丰祥书记、王哲副书记等都参加了，评价很高，家长反映也不错。从而进一步改变了社会对老师低人一等的看法，为提高老师社会地位打下了基础。为了排练大型团体操，当时南头小学校长温虹华同志到广州荔湾区教育局请了陈科长来我区指导。同时，温虹华同志到广州请有经验的专家到我局帮助工作，大型团体操由当时少先队辅导员林洁同志全面负责实施。后来林洁同志被调到教育局负责共青团、少先队工作，最后又调到区团委任书记。

1985年陈方同志从惠东调来南头区任副书记、区长。王哲副书记退到二线，后带领曾源等几位同志前往深圳进驻机关单位开展党风整顿工作。这段时间教育局向谢丰祥、陈方等领导请示报告工作。谢书记一向对教育局非常重视，放手给教育局去干，他还多次到南头小学调研，与温虹华校长一起到课堂听课，听取学校汇报工作。王哲同志去深圳工作约一年左右回来后，谢丰祥找我谈话说，区委按王哲同志建议将教育局改名为南头教育委员会，决定由王哲同志任主任，由我任常务副主任兼管人事、财务等。我对谢丰祥书记说，只要对党的事业有利，我绝对服从区委的决定，欢迎王副书记加强对教育的领导。但我希望教委成立后，把各校党员收回区教育系统管理，教委成立党委，党委书记由赵祝武同志负责并兼管人事。最后他接受我的建议，还任命李志强同志为教委副主任兼管教学工作。王哲同志虽然任命为教委主任，他很少到教育局办公，具体工作都是由我们来处理。重大事情我们向他请示汇报。1988 年区委根据上级指示撤销教委，恢复教育局。区委任命我为教育局局长，赵祝武、何志锋为副局长，李志强同志调回南头中学任副校长。

1988 年 10 月下旬市委决定由市委秘书长、市教委主任林祖基同志组织一个团到北京、上海考察教育工作，考察团团员有市教委廖磋武、彭坚、吴俊辉、深中梁琼和、实验学校金式如、罗湖张培、南头曾建中、上步黄健康、沙头曾立煌，秘书长秘书小魏等 11 人。考察时间为北京 8 天，上海 7 天。回来之后写出书面材料向市委汇报，市委同意把各区教育局升格为副处级单位（当时区教育局都是科级单位），我也被市里发文提升为副处级干部。市教委有关领导将这个文件复印给我，只有我的名没有赵祝武同志的名，我就分别向区委黄剑雄书记、市委林组基秘书长反映赵祝武同志是党委书记、级别应该是与我一样，若只提我没有赵祝武同志，这样不合理，对工作不利，请领导考虑解决。结果再由市委组织部发文，解决赵祝武提升为副处级干部的问题。市区两级教育部门班子确定后，市里直接开展考核各中学校长工作。林组基秘书长（兼教委主任）对这次工作十分重视，亲自听汇报并当场审批。南头区由主管副书记、组织部长、教育局局长、人事科科长组织考察组深入各中学听取老师、学校、家长、办事处干部的意见，写出的书页材料经集体讨论再修改补充，通过后再报市教委。当时是由区委副书记张书堆同志带队、组织部长刘凤义、我与区教育局人事科林仕生同志到市教委汇报，林仕生科长向市委林组基、廖磋

曾建中局长（中）和参加南头区党代会的代表合影

武、彭坚、梁琼和等领导汇报了我区南头中学、荔香中学、西丽中学学校领导的情况。对南头中学何吉林校长、荔香中学吴初调校长继续担任校长的汇报市领导没有意见，并同意新任命李忠俊同志任西丽中学校长。

三

在 1989 年政治风波期间，市委要求我们做好学生的思想工作，防止学生被不良思想所误导。教育局同志分组到学校做工作，良好的措施保证了我们的师生没有被不良思想所误导。市委对我们的扎实工作给予充分肯定。在放暑假前我们召开了全区校长会议，布置庆祝第五个教师节，主题思想是“忠诚党的教育事业，一切行动听党的指挥”。每个学校负责两个以上节目，在教师节大会上向区委及群众作汇报演出。这次活动演出内容和艺术氛围很好，参加活动的区委领导和市教委领导评价很高，认为区教育局开展工作跟得很紧，有超前意识和工作方法。那几年工作的确繁重，局里家底差，无钱、无物、人财缺乏，都是靠主动去争取，不但要亲力亲为，还要加班加点，早上 7 点前离开家门，晚上 8 点以后才能回家吃饭。回到家里，又要与跟踪上门的外地老师相谈调动工作的问题。星期天、节假日自己还要下工地检查施工队建校情况，抓进度、抓质量，力争开学前交付使用。每年春节大年初一、初二、初三这几天和司机黄天送同志到西丽片区慰问老师，鼓励他们安心在山区做好工作。由于过度疲劳，1989 年教师节过后，我发高烧牙肉红肿，但仍然坚持上班。区委领导谢惠清、张书堆两位副书记知道后到我家探访，并指示我到医院住院医治，但我到了医院打完吊针后，又要求医生让自己返回教育局处理工作。此事给院长发现了，他又追到教育局把我带回医院。后来检查，我患上乙型肝炎，由于当时南头医院没有乙肝专科医生，加上自己不大重视结果变成慢性乙肝，要彻底治好难度更大。区委书记黄剑雄同志对我很关心，亲自到医院探望，鼓励我，叫我安心医病。

1990年9月，南山区成立。由于工作需要，年轻有为的刘焯铿同志担任区教育局局长，我后来担任副局长。

## 四

在深圳特区建立初期南山教育基础是非常差的，为什么后来成为了全省最早的一块教育强区？我认为有几点主要原因：一是区委、区政府历届的班子和主要领导对教育都非常重视，这是关键；二是全面调动各级领导和群众、华侨、港澳同胞大力支持教育；三是教育局历届班子有一颗忠诚党的教育事业心，有艰苦创业、拼搏的精神和以局为家的好作风；四是教育局的主要领导成员相对稳定，20多年来没有出现大换班，班子团结合作，互相支持、互相尊重，给学校一个好影响。

我从1975年至1990年大部分时间是干一把手，主持学校、公社、教办、教育局工作，我的工作方法就是积极主动争取党委和上级主管部门领导，经常请示汇报，吃透领导的指导思想，注意领导工作作风，坚决贯彻党的方针政策，结合本单位实际情况贯彻落实，不管工作多忙，天天抽出时间看党报，及时掌握中央指示精神，步子跟得紧，绝对不落后于形势发展。对本单位的干部和老师多关心，他们的工作、家庭、子女等实际问题尽能力帮助他们解决，各方面要做他们的表率，对他们要谦虚，绝对不能摆架子，要充分认识到群众是真正的英雄。自己的职位是党和人民临时委托负责的，自己只能尽责任尽能力去干好，没有权力、没有理由去摆架子。对其他部门、各有关单位，要善于主动去搞好关系，互相支持，互相帮助，取得他们的支持，把党交给我们的任务圆满完成。

做到上级领导来检查工作时笑咪咪、点点头，下面的干部和师生见到自己时也是笑咪咪、点点头。上级对自己工作满意，群众对自己的评价也满意，是我几十年来对自己工作的要求。

经我调入南头区的教师的确不少。他们调来南头区是支持我们的工作，建设特区。我对他们是热忱欢迎，我嘱咐家里的人，如果我不在家，有同志到我家里探访，首先倒茶给同志喝，如果没有吃饭请他们吃饭，因为这些人都是远道而来的。别人送的东西不能收，这是一条家规。

退休以后，很多校长、教师都来看望我，教师节、大型活动都邀请我参加，老师们见到我都非常亲切，非常尊重。同志们对我的关心是对我工作最好的肯定，也是我最大的安慰。

曾建中局长退休前参观南山区教学工作展
左起：刘焯铿、李忠俊、赵祝武、刘湘生、刘迅、曾建中、禹明

# 激情燃烧的南山教育岁月

刘焯铿

刘焯铿，原深圳市教育局副局长、南山区教育局局长

上个世纪的80年代末、90年代初，深圳市南山区成立。我很荣幸得到南山区委区、政府的信任，出任南山区教育局第一任局长。

## 一

南山区教育局是由原先的南头区教育局改变而来。南头教育在时任局长曾建中、党委书记赵祝武、副局长李忠俊同志的带领下，苦干实干打下了良好基础。那个年代，靠着广大教职员工的辛勤付出与奉献，得以托起明天的太阳，给我们留下了非常珍贵的精神财富。

初到新的工作岗位，我调研、求教、思考与分析，看到了南山新区发展的“天时、地利、人和”，也深感肩上担子的分量。

所谓“天时”，那就是深圳市委、市政府对南山教育高度关注，南山区委、区政府、人大、政协对南山教育的高度重视。分管教育的市领导林祖基，时任区委书记的虞德海、区长廖军文、区委副书记谢惠青、区人大主任程浩、主管教育的副区长黄水桂等同志，对南山教

育发展有一种急迫的心理期待，对我们的工作予以高度信任、鼓励和支持。

当时南山教育的“地利”优势是，南山教育局的干部队伍是一个非常优秀的团队，这为南山教育的可持续发展打下了坚实基础。当时局里的优秀人才不少，有党委书记赵祝武、主管教学的副局长李忠俊，南山教育的“活字典”杨锦杰和理财专家田柳青以及一大批优秀的校长如陈难先、乔树德、刘湘生等。

南山教育的“地利”优势还体现在，相对全国其他地方，教师工资待遇较高，还可以分到住房。更为重要的是，深圳作为改革开放的前沿，南山作为一个新区，它给人们带来的新鲜感和吸引力，都是其他地方无法企及的。

当时南山教育“人和”的优势是，学校的校长、老师们都很朴实，他们有一种艰苦奋斗的精神和对教育的满腔热情，都希望在深圳的沃土上干一番事业。

尽管那时南山教育普遍落后于福田区、罗湖区，但已呈现了一些特色，比如乒乓球等体育项目、中小学计算机竞赛等。当时，南山教育还有一个巨大亮点，即企业办学。由于当时政府不能为企业员工子女提供优质教育，南山区的众多企业纷纷自发办学，这在全国都很有名。在改革开放最早的蛇口工业区，还有华侨城集团、南油集团都分别创办了学校。

其中，蛇口工业区的育才中学、小学和幼儿园办得相当出色，这缘于企业高层领导高度重视教育，从全国各地引进众多教育人才；其次，工业区的学校人力、财力、物力投入充裕，校舍条件一流，而且班额人数适中。

育才学校取得如此辉煌的成绩，陈难先校长居功至伟，他是一位了不起的教育家，对民办学校、政府办学、企业办学和国际教育都有极为深刻的认识。他提拔重用分管教学的乔树德，也是一位杰出的校长。我视陈难先校长为我的老师，每次教育局召集校长开会，都请他坐在前排。我在南山工作期间，很多改革创新的思路都得益于陈校长给我的启示与帮助。

## 二

在看到当时南山教育发展的优势时，我也发现了南山教育存在的严重问题。首先区域内教育发展严重失衡，企业办学一枝独秀，政府办学十分落后，我意识到如长期以往，作为主政一方教育的区教育局将会失去领导当地教育的权力。

我上任后，有人反映西丽片区的老师不安心工作。调研后我心里十分不平静。西丽地区的教育水平位居全区末位，教育质量低下。从客观条件来讲，西丽片区教师的生活条件十分差，没有自来水，需要打深井取水，可是抽上来的水完全不符合饮用标准。当地老师及其家属就医很难，子女没有幼儿园可读，住房条件也很差，连电视都看不上。我感到十分痛心。面对老师们的困难和“不安心”，我作为所谓的“父母官”，发誓要将老师们当成亲人一样，使大家一起融入“南山教育的大家庭”中。

我从曾建中局长手中接过南山教育时，局里每年给全区学校设备经费不足百万，财力物力极其短缺，教育投入严重不足。除此之外，教师队伍存在严重的专业结构问题，语文、数学和英语老师兼任美术课、音乐课，在当时很普遍。

由于当时的教师资源，很多来自广东省县一级以下学校来求职的老师普遍学历水平低，无法满足高质量教育的需求。很多小学老师都是中专学历，高中老师很多是大专学历，我意识到南山教育的改革发展必须要从这里寻求突破。

我动议请当时局内最高学历的教研室语文教研员陶广放同志当人事科科长。我要求小学老师必须是大专以上学历，高中老师必须是本科以上学历，大大提升调入教师的学历门槛，在90年代，这是很超前的。

这一改革举措，让同事们感到难于理解，但他们还是十分支持我，尤其是分管人事的党委书记赵祝武。

当时南山区委区政府对南山教育寄予厚望，要求尽快实现由农村教育向城市教育转变，迈入特区现代化教育之路。处在这个伟大的历史转折点上，必须要大刀阔斧改革，积聚教育发展的强大动力。

## 三

在南山教育局工作期间，我牵头制定了“南山教育工程”，提出在十年内南山教育进入全国先进区县教育行列的战略构想，提出“人造”良好的育人环境，获取南山教育发展的加速度。

“南山教育工程”是一个庞大的系统工程，涉及局班子建设、校长队伍建设和教师队伍建设，涉及建立一个专注改革创新、有热情活力的教育体系。

在局领导班子建设上，我提出一个铁律，班子成员必须廉洁自律，绝对不能腐败。将热情、精力用在教育的改革创新上，形成了干事创业的良好氛围。

由此我策动了很多具体改革项目，以雷厉风行的执行力，来推动南山教育全方位改革创新，改革的落脚点在于充分调动教师的积极性，一切为学生服务，增强提升学生素质的能力上。

我和局班子成员的重要工作职责就是当好“猎头”，在全国各地挖人才，选聘著名校长和骨干老师。当时我们为引进优秀人才开辟了绿色通道。但凡遇到优秀人才，往往我和局领导班子成员研究后，马上就发调令，以深圳速度如饥似渴地网罗优秀人才。

回想当年，很多人对人才的价值没有深刻的理解。我在经费有限的条件下，引进了大批人才，就像花小价钱买了一批珍贵的“和田玉”。后来事实证明，这些人才都成为了价值连城的“宝贝”，极大地促进了南山教育的阔步发展。我的硕士论文涉及教育的人才、财力、物力和信息四大资源，其中将人才资源列为首位，这完全得益于我在南山教育的实践。

我喜爱从高校挖掘高端人才，因此被称为“学院派”。我立志打造一个学习型组织，因此每年自己都阅读大量书籍，既有快速阅读，也有细心精读，还有请别人阅读后将书的精华“吐”给我。我认真读了一本美国哈佛大学霍华德·加德纳的中译本《智能的结构》。书中说，一个孩子是否“聪明”，有两个方面判断标准——情商和智商。情商被称为非智力因素，影响决定人的性格、情绪和意志。有好的情商，可以帮助孩子全面发展成长。

这本书的翻译者名叫兰金仁，毕业于北京大学西语系，时任武汉江汉大学英语系副主任。这时，有人推荐兰教授来南山区求职。于是，我请了深圳大学外语系的几位专家对兰教授进行考核，大家对兰教授的学识普遍称好。

深圳是我国的经济特区，具有国际化的特点，英语作为国际通用语言，日益显示出它的重要性。我意识到，引进超前和先进的英语教学是南山新区教育改革与发展的切入点，语言学习应该从小抓起，所以英语课程应该从小学一年级起就开设。当时，深圳所有小学的英语课程都是从四年级起才开设的，在一年级开设英语课程是一项异常艰巨的任务，尤其是对于像南山区这样的刚成立不久且教育水平相对落后的新区，没有充足的课时，没有适用的教材，缺乏相关的教师，同时很多专业人士对一年级开设英语课所持有的不赞成态度，成了摆在我面前的急需解决的难题。

首先面临的是课时设置问题，由于小学低年级传统课时设置中没有安排英语课，因此很难将英语课插入已经定好的课表。对此，提出了全新的“长短课”结合的课程设置方式，即将原来上午的四节课变为六节课，将部分长课变成短课，这样课程内容可以更加丰富，孩子们学起来也更有趣味。其次是没有合适的教材。我就英语教育改革的问题与兰教授进行交流，我恳切希望在兰教授的带领下，就英语教育的新模式编写一套与之适应的教材。我的想法得到了兰教授的大力支持，兰教授精心组织编写了一套小学一到六年级的英语教材，这使深圳提前有了一套自己的小学英语教材。再次是如何解决师资不足的问题。深圳南山区成立之初，师资相当缺乏，尤其是有经验的优秀教师，好的英语教师更是少之又少。对此，我委托兰教授组建英语培训中心，面向全国大量引进聘用优秀的英语教师。为解决英语教师的调入，我提出了“复合型”人才的理念，建议聘用既能进行语文教学又能进行英语教学的优秀教师，这样既解决了小学英语教师编制不够的问题，又有效地提升了教师队伍的综合素质，真可谓一举两得。最后的问题是如何通过切实可行的方法克服可能出现的问题并争取更多人对改革的认同和支持。小学一年级正是学生刚开始学习拼音的阶段，一些教育界的专业人士普遍认为如果在这个阶段再同时进行另外一种语言的学习，势必会影响学生的母语学习，因此，很多人都不赞成在小学低年级开设英语课。面对众人的疑惑，我采纳了兰教授的建议：低年级所开设的英语课程侧重听说方面的训练。这样做既能使学生的母语学习不受影响，又能使学生尽早建立对英语的感性的认识，从而提高他们学习英语的兴趣。后来，兰教授还创办了南山外国语学校和南山白石洲中英文学校。他为南山的英语教育改革作出了卓越的贡献。

1994 年刘焯铿局长观看南头中学初一英语试验班汇报演出后讲话

我曾在全国教育会议上，听了时任东北师范大学附属中学李硕校长的演讲，深受触动。当打听到李校长将要退休后，我下决心将这位著名校长挖过来。我和几个同事去了长春，恰好李校长去了北京参加全国人大会议。连续几天，我只好与同事们一道深入该校学习调研，同时频繁与该校的优秀科任教师和优秀班主任接触，游说他们来南山工作。

过后，在我们的盛情邀请下，李校长应聘来到南山。我开车带李校长在南山区各所学校走动，对她说：您可以任选一所学校当校长。可是李校长说全部都看不上，希望当一所新学校的校长。于是，李校长当了新建的博伦职校校长，并在三年内就使该校成为“省一级学校”。

对于一位从事基础教育的名校长，从事职业教育也能取得如此辉煌的成就，南山区政府特聘请了李硕校长为“南山区长教育顾问”。

引进优秀校长可产生巨大的边际效应。李校长来了以后，将原先所在重点学校的许多骨干教师拉了过来。由于李硕校长的举荐，东北师范大学图书情报系副主任刘迅、东北师范大学附属中学老师刘根平和妻子王晓夕等优秀人才都纷纷汇聚南山。

这些优秀人才通过自身强大的魅力、吸引力和他们的人脉关系，为南山教育源源不断引来人才。后来，福田区、罗湖区也开始学习这种经验，在全国选聘优秀校长和教师。

刘迅是李硕引荐过来的人才，他毕业于武汉大学图书馆系，是一位大才子，理论功底深厚。他过来之后，我希望他做教育理论方面的研究工作。可是当时没有这种建制，我决定在教育局内部成立一个无牌无编制无工资的机构——南山教科所。刘迅对南山教育发展做了很多理论研究和探索工作，作出了巨大贡献。当我调任市教育局副局长时，区委把他选任为南山教育局第二任局长。他创建的教科所，如今在深圳各区都已建立。他提出的“南山教育现代化”思想及其以后的实践，使南山教育迈上了新的台阶。

在那时，局班子成员对引进优秀人才有高度的共识，不遗余力地引进众多优秀人才。

当年，刘晓明是作为高校高端人才“空降”下来的。当时他在湖南师范大学任教，他有好人品，有好才华，能写文章，又有实干能力，为南山区教育做了很多开创性研究和探索。晓明同志来的时候，我区的历史学科教育质量低下，在晓明同志的带领下，南山历史学科的教研氛围十分浓厚，教学质量迅速提升。晓明同志和我一道还连续在《光明日报》上发表了很多关于南山教育改革的文章，为南山教育改革创造了良好的舆论氛围。晓明同志后来当了南山教育局的局长，把南山教育又提升到了新的高度。

禹明当时已是全国知名的英语教育专家，当我看到他的资料后，爱才心切之情油然而生，当即召开党委认真研究，第二天就向禹明发出了调令函。等福田区、罗湖区要调禹明过去时，禹明已到南山教育局报到了。禹明不仅人品好，又极有才华。他是南山区培养的第一位特级教师，为南山教育研究立下了赫赫战功，为南山英语教学改革作出了巨大贡献，在退休前又创办了南山第二外国语学校。

## 四

我认为一个好学校，首先必须要有一位好校长。基于育才学校取得的辉煌业绩，我对何为“优秀的校长”有着深入的思考。我认为，首先，优秀的校长要有很高的“情商”，要充分调动老师的工作热情和积极性，要善于引进优秀教师，全力打造优秀的教师队伍；优秀的校长善于整合学校、家庭和社会各方资源和力量，从而更好地提升学生素质和教育质量。

每一位校长要建设好教师队伍，打造高素质的教师团队；要打造鲜明的办学特色，使学校形成好的校风、教风和学风；要有切合学校实际的课程改革。同时也要加强对学校老师的培训，在注入新鲜血液同时加强提升原有教师教学水平，进一步提升学校教学质量。

当时赤湾小学是南山赤湾港集团办的学校，不过教育质量不佳。为了提升该校教育水平，我亲自担任该校董事会董事长，李忠俊副局长担任副董事长。后来，我们公开招聘了优秀校长李先启。

刘焯铿局长（左二）考察蛇口学校电脑实验班教学（1994 年）

李先启校长上任后在赤湾小学大刀阔斧地改革，率先尝试各学科课堂教学的电化教育特色，很快成为深圳市有巨大影响力的名校。李先启校长后来还推荐了著名的历史学和鲁迅文学专家张效民来南山教育局工作。效民同志后来还当上市政协副主席。

相比引进小学、中学校长、老师，找到优秀的幼儿园园长和老师则更加困难。当时南山区的幼儿园园长和老师学历偏低，而且以女老师偏多，对孩子们的教育呈现女性化的倾向，不利于孩子们的身心发育。

为了进一步搞好南山的幼儿教育，我和局班子领导决定从全国著名的幼儿园和全国重点师范大学的学前教育专业招聘人才。我委托新调入的优秀园长李倩同志去全国各地取经学习，做出一套幼儿园的改革方案。她考察完后果然收获满满，局党委任命她到区教育局直属的南山教育幼儿园当园长。在李园长的带领下，很快这所幼儿园就成为深圳市第一批省级幼儿园。

在注重引进人才的同时，我们更加注重用好现有的校长和老师。我在南头小学校长刘湘生同志遇到困难的时候，亲自深入学校召开全校员工大会，为刘校长撑腰打气。在刘校长的带领下，南头小学在全区率先成为省一级学校。后来还被区委重用当上了区教育局的副局长。

我经常在各种教育工作会议上说，学校要全力做好不花钱、少花钱的事情，比如学校的卫生问题。我经常一上班就只身前往各个学校暗访和现场办公，看到有问题的地方，就马上研究或督促解决。

有一次，我去看西丽的一所小学，发现有很多破烂的课桌，地上有很多垃圾。我没有惊动校方，叫司机买来工具和钉子，钉好了那些破桌子，打扫干净了地面。校长得知后非常惭愧。这件事很快就传到了其他学校。校长得知我很重视这些细节问题后，都十分重视抓好做好学校的卫生工作。我觉得，如果连环境卫生这种简单的问题都处理不好，说明校长的管理水平、能力有问题。

## 五

教育质量的提高，靠一线站讲台的老师们，老师每一堂课与学生的眼神、言行的互动，潜移默化地将知识和修养送到学生们心坎。良好和谐的教学氛围，可以促进学生们情商、智商的全面提升。

当年，南山区的中学，在全市的历史、地理统考中，曾位列末位。我找到广东省教育厅教研室地理教研员何化万同志，何化万同志又找了华南师范学院的地理系主任刘南威教授，他们联合推荐了原中国社会科学院的副研究员张庆祥教授。张教授来到南山区担任地理教研员后，经常骑着自行车去各个学校听课并培训地理老师，提高了老师们的专业素养，张教授的高超学识和人格魅力深深地影响了全区地理学科的老师，很快南山区在地理学科教育上在全市名列前茅。当时张教授已年满50岁，按照特区规定难于调入。我独辟蹊径把他的儿子调入，并给他的儿子分了一套房，从而使张教授安心为南山教育多作贡献。

当时，南山区的英语老师编制有限，计算机老师没有编制，限制了人才引进。在这样的情况下，我催生了一个念头，加大力度打造复合型教师队伍。鉴于计算机老师学过大量的数学和物理知识，我就用数学和物理老师的编制，引进计算机专业的老师，他们既可以教数学课和物理课，也可以教计算机课。还有英语老师也可以教语文课，这是打造复合型教师队伍的有效举措。

作为一名领导，要学会真诚地欣赏优秀的校长和教师。当时的南头小学（现在的南山实验学校）的乒乓球教学，在全国很有名气。有一位名叫张成森的东北籍老师，带着一批东北学生来到南头小学。他担任乒乓球教练，带领这批东北骨干乒乓球员和深圳学生，建立了乒乓球训练基地。张老师和东北学生们的生活训练条件非常艰苦，在炎热夏天他们还住在铁皮房里。尽管张老师工资微薄，他还在饮食起居上尽心照顾这批孩子，这深深地感动了我。我和其他局领导研究，要竭尽全力扶持这个项目。

在南油中学有一位曾帆老师，他带领学生们屡次在全国计算机竞赛中获奖。深圳市有一个奖励优秀教师的奖项，每年只有两个名额，我们为曾老师申报获得了这个荣誉。为此，曾老师所在的南油集团给他奖励了一套房。此外，我和南油集团领导商量，决定双方各出一半钱，为曾老师买了一台电脑。

当时有一对来自湖南师大的夫妻档教师，丈夫名叫李陶，妻子名叫孙福爱。他们一个教音乐，一个教舞蹈，都是才华横溢的教师。我刚上任时，区委领导就跟我说，他们不安心在南山工作，要求我找他们谈话，把他们留下来。我非常尊重他们，对他们的好建议听得进去，对他们的工作也给予大力支持。我和其他局领导研究，拨出专项资金引进音乐、舞蹈和美术教师指标，补齐艺术类教师数量不足的短板，大大地激发了他们和校长们对学校艺术教育的热情。很快，这项举措就看到了成效。在每年的教师节、艺术节上，学生们的精彩表演都获得了区领导和广大家长的高度赞赏和好评。

刘焯铿局长参加海滨小学全国艺术教育工作先进单位挂牌仪式，左一是原海滨小学校长李陶

所有的学生都是父母的宝贝。我崇尚学校教育对学生的提升能力，我崇尚培养人格健全的学生。教师的价值取向就是竭尽所能来提升每一

个学生的素质，而不应是过分地挑剔学生。我崇尚充分调动学生的活力和创造力，我反感过分选择学生，反对以成绩来对学生分门别类。有本事的学校对所有学生都应具有令人敬佩的加工和提升实力。

## 六

南山教育局领导班子很朴实、很团结，非常务实能干。大家充满激情，日夜加班工作，那是一个激情燃烧的岁月。回首我在南山教育局的1000多个日日夜夜，我心里只有工作，完全顾不上个人爱好，每天就像打仗一样。那时候很多的改革创新构想，大多都是源自大家的思想碰撞和探索实践。

在那几年里，很多改革设想都是由三大“笔杆子”——刘迅、刘晓明和杨锦杰同志来润色，由南山教育的总工程师李忠俊副局长组织实施。很多改革最初都是悄然而行，摸着石头过河，逐渐完善，进而整体推进，从而实现全面提升南山教育的质量和效率。

在局领导分工上，我总是不断向前冲，不断有各种新花样，但是真正具体工作是由李忠俊副局长来负责的。李局长有才华、有眼光、有韧性，对工作极为负责，他将局党委的很多想法都落实到位，为南山教育的快速发展做出了不可磨灭的巨大贡献。我对他十分感恩，没有他的无私帮助，就不会有当年南山教育的辉煌。

局办公室主任杨锦杰是南山教育局不挂名的“联络部”、“宣传部”部长，是教育局连接区委、区政府的纽带，很好地弥补了我不善公关的劣势。正是因为他的出色协调和宣传工作，使得区委、区政府领导对我们的工作十分了解，从而在政策上和财力上以更大力度来支持南山教育发展，形成了一种良性循环。

我认为，教育发展需要党和政府及政府各级部门、社会、家庭和学生自身的齐心协力。南山教育20世纪90年代在5至10年内迅猛发展，从农村教育发展到城市先进教育，所有具体的指标都变成现实，卓有成效。作为南山教育大家庭中的一员，我认为所有的成就都是南山教育“天时、地利、人和”的成果。

我任局长期间，提出了“南山教育大家庭”的理念，它的核心理念即是南山教育的情缘。这融合了我多年来对情商和教育改革创新的思考积淀，意图建立一个南山教育的“大家庭”，大家之间形成一种团结、关爱、和谐的关系，将南山教育当成大家共同的事业，一起为南山教育的美好未来而努力奋斗。我相信，新一代的南山教育人，会继承南山教育的优良传统，继续锐意改革创新，创造新的辉煌和美好明天。

由于时间所限，我对优秀的理财专家田柳青、优秀的体育专干邱裕良、优秀的教育管理专家麦润青、李启康、陈炎昌、云昌荣以及优秀的离退休干部的贴心人谢志雄等未能一一述说，深感内疚。是他们热情地支持我，手把手地教会我如何做好工作，在此，我向他们表示深深的敬意和感谢！

# 见证南山教育的巨变

赵祝武

赵祝武，南山区教育局关心下一代工作委员会主任，原南山区教育局党委书记

## 一

在来到深圳前，我任韶关市乳源县宣传部副部长，兼任当地重点中学乳源中学的校长。“文革”结束后拨乱反正，在国家尊重人才、知识的氛围下，内地大规模掀起中小学改造，这所学校各方面条件比较好。

1985 年 6 月我调入宝安县南头中学任校长。当时来到学校后，由于住房紧张，我不得不在非常狭窄的楼梯间里，住了四个月时间。后来，我的太太带着孩子也来南头中学任教，一家人就蜗居在不足 40 平方米的旧房子里。

记得当时我的亲友来深圳看我时，发现我作为校长竟然栖身在楼梯间，都非常震惊，还以为我是因为犯了什么错误，被贬到南头中学受惩罚的。

其实来深圳之前，我早有心理准备。深圳作为改革开放的前沿阵地，它所能引发的活力、激情和创造性，都让很多年轻人热血沸腾。所以，在这样的时代背景下，我非常渴慕来到深圳这片令人向往的热土，

希望可以大干特干，发挥自己光和热。

所以，我对来到深圳后很艰苦的工作住房条件并不在意，只是埋头安心工作。那时深圳就是一个大工地，推土机日夜开工，劈山填海，到处都是尘土飞扬。我相信，暂时艰苦的住房条件很快就会得到改善，对此我很乐观并充满信心。

果然，一个月后发工资，我拿到了200多元，是在乳源时的3倍多，我很震惊。几年后，我分到了100多平方米的房子，等住房条件进一步改善后，我分到了164平方米的复式房。

深圳是一个充满奇迹的地方，我相信会遇到一群志同道合的人，一起创造奇迹和辉煌。

## 二

南山教育的崛起是一个巨大的奇迹，因为它的底子极其薄弱，教育质量很低下，可以说是在非常贫瘠荒凉的“土壤”上诞生的。当时整个南头半岛分为三个独立平行的区块——南头区、蛇口区和华侨城，蛇口区和华侨城的经济比较发达，这两个地方的领导级别比南头区委要高，是副市级级别，而南头区最落后，其中最落后的是西丽片。

1985年我来到南头中学时，看到的这所名校的景象已非常残破不堪，只有一栋很破旧的三层教学楼，一栋两层危楼，还有十几间平房教室，屋顶漏水，窗户残破，凌乱不堪。而当时的西丽片区的教育条件更差，记得有一所留仙洞小学，校舍借用生产队的仓库，只有一个正式老师和两位临聘的老师来维持教学活动。

在这样的情况下，当时南头区开展的“一无两有”活动——一无是指没有危楼，两有是指有课桌和板凳，这样的活动比在内地更艰难。

究其原因，深圳受“十年文革”影响，以及自1964至1980年的“逃港风”影响，造成大量年轻劳动力逃亡到香港，中国在边境口岸拦堵，并大力宣传“宁要社会主义的草，也不要资本主义的苗”。在这样的情况下，深圳的经济几乎濒临崩溃边缘，百业萧条。

在改革开放初期，由于教育“欠账”太多，积重难返，南头区教育基础极其贫弱，几乎两手空空，财政投入很少，教学设备少得可怜，教育质量很低。

当时很多学生也无心向学，很少学生能考上大学，能考上大学本科的更少。即使一些学生考上了大学也不去读，当时很多学生初高中毕业后，去读大学每月只有几十块的收入，去工作就业则有几百块的收入，很多人头脑中根深蒂固地形成了读书无用论的陈腐观念。

## 三

自从我 1985 年来到深圳工作后，至今已有 32 载，见证了南山教育的四个巨变，这些巨变是南山教育不断崛起的鲜明轨迹。

一是从落后的农村教育向城市教育转变。我认为广东省教育厅在 2002 年将南山区评为广东省第一个教育强区，标志着这种转变已完成。

二是城市教育向现代化、信息化教育转变。1991 年 1 月南山区成为广东省第一个信息化教育试验区，2004 年被教育部评定为现代教育制度改革试验区，进一步加快了南山教育改革的加速度，如今这个转变还没有完成，还在进行中。

第三个转变是从教育质量悬殊向教育质量均衡转变。1988 年 1 月南山区教委成立，当时的党政领导班子达成共识，要提升南头区的教育质量，特别是重点扶持西丽片区，改变其落后面貌。为此采取了一系列政策措施，第一在教育经费上大幅投入，向西丽片区倾斜，高起点来改建、扩建、新建校舍，高标准配备教学设备设施。在 90 年代初期，为了方便西丽片区的老师工作，教育局专门购置了一辆大巴车，接送老师们上下班。

同时在人力资源和软件资源上大幅度、高质量地向西丽片区倾斜，除了从深圳本地调动极个别老师外，还从全国各地调动优秀教师充实西丽片区的教师队伍。每年南山区教育局都会组织老师们出国游学，去北京、上海等地考察，在这些地方挂职跟班学习，其中重点照顾西丽片区的老师们，经常将这样的学习机会优先给他们。

在90年代初期，南山区教育局派出教研员常驻西丽片区，指导这里的教学工作，并动员南头、华侨城、蛇口等片区的实力学校挂钩帮扶西丽的教育，与西丽的老师们一起开展教学研究活动，互相听课，互派教师到对方学校教学，形成对西丽教育的“传帮带”作用。

赵祝武书记（左二）参加初中教育研讨会

后来教育部进一步提出教育公平化、均衡化的的教育战略决策，南山区教育局进一步加强了区内教育均衡的支持力度。随着西丽地区的经济社会发展和西丽大学城的建立，南山区教育局与西丽大学城签订了西丽教育战略合作协议，进一步大大提高了西丽片区的教育质量。现在西丽的教育水平和质量，基本上与南山其他片区持平，符合国家教育均衡化的要求。

南山区在追求教育均衡化方面，还非常注重另外一件事，即与其他区只注重发展重点中学不同，南山区几乎是多点开花全面盛放，育才学校、南头中学、南山外国语学校、北师大附中、北大附中和华侨城中学，全部都是区内的明星学校，不仅形成你追我赶的竞争局面，学生们还可以就近入学，家长也非常满意。20 多年来，南山区在高考重点率、升学率和平均分上，一直位列深圳市首位。

第四个重大转变是，教育经费投入越来越多，师生满足感越来越大。教育局、学校与街道办、村委之间的关系，有着“两求两不求”的渐变。在特区建立初期，由于教育经费比较紧张，当时教育局和学校需要求助于街道办和村委，希望给予学校经费支持，给老师们增加福利待遇。随着南山区的教育经费投入的增加，再加上政府征收教育附加费，教育局开始有了收入，基本上教育局和学校可以自给自足，不用再求助街道办和村委了。

后来，随着教育经费和教育附加费的进一步增加，街道办和各村委开始求助教育局，希望教育局为它们辖区内的所属学校增加教育经费投入。到现在，由于各方面经济条件已大大好转，学校环境优美，设备设施齐全，各街道办和村委也非常满意，不再要求为学校增加投入了。

## 四

我历任了四届党委书记，是任正职领导时间最长的人员。尽管我资历上比较深，但实际上我是二把手，一直配合上级领导工作。1994 年南山区委换届选举，上级领导希望调我到其他部委当一把手，有朋友知道了还打电话向我祝贺。可是我表态不愿离开教育界，最初在乳源中学任教，历任教导主任、副校长和校长，对学生、家长和校长的心理状态十分了解，如今在南山的工作十分得心应手，只想好好干一番事业。我不在意职务高低、排名先后，心甘情愿做二把手。

在我当党委书记的 11 年时间里，共事过四位行政领导，我们彼此都相处得十分愉快、和谐，一起创造了民主、和谐的政治氛围，共同创造了南山教育的辉煌成就。

我共事的第一位领导名叫王哲，是一位曾参加过抗日战争、解放战争和朝鲜战争的老英雄，曾任东北某市的市委副书记，后来南下参加工作，任南头区委副书记。他退休后自愿担任南头区教委主任。虽然当时王哲已经58岁了，可是他依然怀揣壮志，希望为培养下一代接班人，贡献自己的一份力量。

虽然当时我是党委书记，是一把手，但是我非常尊重王哲老先生的人品，钦佩他的正直清廉，主动配合做他的副手。我主要负责抓党务工作，王哲先生对我也很信任支持。

我搭档的第二位领导是南头区教育局第一任局长曾建中，他是一名本地的老教师，曾任蛇口小学校长，他的最大优势就是熟悉南头的情况，有广阔的人脉资源。曾建中局长有一种了不起的“老黄牛”精神，他经常不辞辛劳地辗转奔波，跟政府、街道办、村委、企业协商，希望得到人力、财力和物力的支持，来改造、新造学校以及增加教学设备。他艰苦奋斗的打拼精神，为南山教育发展打下了很好的物质基础。我和曾建中局长也配合得很融洽，工作很愉快。

第三位领导是刘焯铿局长，是南山区教育局第一任局长。他刚上任时，年仅35岁，他的思维很活跃，富有改革创新精神，有很强的开拓精神。特别是他有强烈的人才意识，引进了大量教授、博士等高层次人才，同时引进了大量优秀校长和教师，使南山教育能够站在非常高的新起点上，从而为南山教育的强势崛起奠定了深厚的基础。

第四位领导是刘迅局长，他是一位很有能力和魄力的带头人，他很有个性、很强势，但是我和他配合得很好，我们相互信任支持，营造了非常和谐的党政关系。我们经常一起促膝谈心，彼此相互监督提醒，开诚布公，坦诚相见。

1994年主管教育的黄水桂副区长根据区主要领导意见，召集教育局几位主要领导开会，重新对教育局领导的排序和分工做了新的安排，我作为党委书记，排在局长刘迅前面。不过对此我并不看重，我们局领导班子依然团结齐心，共同协商配合彼此工作，形成有战斗力的团队。

我与历届四位领导在工作上互相协商，小事不计较，遇到大的分歧，就会一起去找区委领导，通过协商来解决分歧。由于我们在工作中相互配合得很好，彼此扶持，区委领导对我工作很满意，因此直到我退休，一直都担任党委书记的职务。

## 五

作为区教育局党委书记，我要求学校党支部书记要发挥重要职能，支持学校行政领导工作，做好他们的坚强后盾。党支部要发挥重要作用，首先狠抓党委自身建设和党员队伍建设，这是发挥党组织作用的根本前提。

为此首先建章立制，提供一系列制度保证。制定和实施了《中共南山区教育局委员会贯彻民主集中制原则》、《按程序办事的有关规定》、《中共南山区教育局委员会关于党风廉政建设的若干规定》和《中共南山区教育局委员会关于反腐倡廉依法治教工作的实施意见》。根据这些意见，又分别制定了校长、园长考核制度，人才调动制度、财务管理制度、基建工程招投标制度、教学设备仪器招投标制度等。

吸收人事、基建、财务有关人员相关部门人员，和纪检委员定期召开分析会，加强有效监督，及时把情况反馈给相关部门。如人事和财务任免，由人事科根据年度考核意见与我商量，一起提出修改意见，我再与局长协调。如果我和局长的意见一致，先向主管教育的副区长汇报，再召开党委会讨论决定。

同时，教育局还选派人员参加区委组织的党员干部培训班，在1993—1997年选拔教学第一线骨干教师，参加入党培训班，共计吸收了200多位新党员，其中就有现任深圳市委统战部部长林洁。

我认识到，加强党对教育的领导，是坚持社会主义办学的根本保证，因此采取了一系列施政举措。一是党组织要坚持校长按照党和国家的政策法规处理学校教务和行政管理问题，充分发挥校长的作用。学校的中心工作确定后，党支部要发动和号召广大党员和教师积极围绕中心开展工作。二是认真落实党管干部的原则，干部的调动，教师的聘任，职务的晋升，党委、支部都要参与讨论研究。三是党支部参与执行教育教学大纲、制定教学及学校的发展规划、重大教改方案的出台等重大问题的讨论与决策。四是建立校长通报制度，规定行政领导每学期向支部汇报或通报工作两次以上，以便加强监督。第五建立校长领导民主测评等考核制度。第六加强学校的政治思想工作，建立以党支部为核心的政治思想工作队伍，把德育工作摆在首要位置。第七关心、支持共青团、少先队、妇联的工作，使之成为党联系群众、宣传群众和组织群众的纽带。

## 六

“德育工作”是南山教育的六大特色之一，这项工作创造了巨大的奇迹。

1993 年 2 月 1 日下午，中共中央政治局委员、国务委员兼国家教委主任李铁映视察深圳教育时说：“南山区的学校两年没有犯罪，香港人说是奇迹，我看这种奇迹应该大力宣传，大力奖励……应该召开教育会议推广这个经验。”

从 1993 至 1995 年南山教育界一直保持犯罪率为零的记录，后来发现一些校长和老师为了维持这一记录，便以大事化小、小事化了的原则来处理一些学生的德行问题，便不再强求坚持这一记录了。

深圳作为改革开放的前沿城市，南山位于深圳特区西部，频临港澳，旅居港澳台的同胞和海外华侨共 6.8 万余人。特殊的地理位置和中外互通的人员往来，使南山区学校无可选择地置身于中西文化的交汇地。

改革开放初期，深圳倍受西方世界各种思想观念和思潮的冲击。1988 年前，这里的学生赌博、盗窃、传黄、打群架等违法犯罪现象屡有发生。1986 年，仅南头地区就有 76 名学生进了派出所。1987 年统计，学生们违法犯罪率竟高达 0.7%。

面对如此严峻的现实，南山区委和南山教育局认识到德育工作的重要性，希望通过理论探讨和实践探索，使南山人认识到市场经济对青少年成长，实际上具有正面积极意义。为此南山教育局实施了颇有特色的“南山德育工程”，包括三个工程、德育科研和五个教育活动。

三个工程中的第一项是“网络工程”，它的实质就是发动全社会对青少年的德育工作齐抓共管。街道办事处、村委会建立青少年德育领导小组，区政法委书记指导教育局协调街道办事处、村委会工作，重点优化社会环境和法制教育，并在一个时期内将德育政绩列为对各级干部的政治考核指标。

学校内部设立抓德育的副书记或副校长，建立德育处，形成党支部和德育处共同抓德育工作的构架；共青团、少先队、妇联和班主任具体落实德育工作，打造德育网络；狠抓德育师风建设，促进身教重于言教，以及各科课程课堂上渗透德育教育；部分学校请片区派出所任学校法制副校长，与学校法制工作挂钩，专门为他们设立办公室，请他们定期来办公工作，推动警校共治德育工作。

同时加强学校与家长联系沟通交流。成立家长委员会，开办家长学校，规模较大的学校出版《家长报》，开设“家长开放日”，建立“家长联系卡”，通过这一系列的互通方式，加强家校共抓德育工作。

第二项是“基地工程”，从 1990—1995 年，教育局通过多方组织联动，筹建了 80 个德育基地，包括 13 个爱国主义教育基地，19 个特区文化教育基地，14 个革命传统教育基地，15 个军训国防教育基地和 19 个劳动基地，每个学校都有 2—3 个定点活动基地。

南山的学校到这些德育基地，举行了丰富多彩的活动。育才中学、南油中学、南头中学、南头城小学分别在大铲岛驻军基地、海军沙角基地、虎门海军基地、南山武警部队，进行军事和国防训练教育。南头城小学与武警 17 中队合作德育教育，长达 13 年之久。赤湾小学、南油小学和蛇口小学开展走进革命老区的活动，与延安、井冈山和瑞金等地的学校，结成兄弟姐妹学校，深圳学生去这些地区，与当地学生举行各种

赵祝武书记（左一）陪同团中央领导考察南山学校的少先队工作

联谊活动。

第三项工程是“校园文化建设工程”，首先区政府和教育局拨出大量资金改造校园，绿化、美化校园；区政府与各部委、街道办联合行动，清理学校周边网吧、游戏机、有污染噪音的商店工厂，净化校园周围的环境。

前外交部部长李肇星曾到博伦职校演讲，他看到学校卫生间里，摆放了大量鲜花，使得卫生间完全没有异味。他大为赞叹，说外交部的卫生间都没这么干净整洁。

同时大力进行校园文化的建设。着重抓“一会两节”的建设，即运动会、艺术节和科技节。学校组织各种社团组织，如文学社、管乐团、舞蹈团等，活跃校园文化气氛。

除了这三项工程外，我们还开展了德育科研工作，由我来领头，组织德育骨干及教师广泛参与，从实践出发确定课题，形式多样。起初是每年一次召开德育经验交流会，后来变成课题评审和奖励形式。

南山区教育局与中央教研所、广东教科所、重庆市教研所开展合作，一起进行德育工作研究。南山区教育局与重庆教科所合作了《基础教育中的历史与国情教育研究》，还与上海师大教科所合作了《沿海发达地区中学生素质目标体系研究》等课题。

“南山德育工程”注重抓五个教育，第一项是爱国主义教育，注意课堂渗透，贯彻课堂是德育教育的主要原则；开展第二课堂教育，如主题班会、看电影录像、参加法庭庭审、郊游、工厂、农村参观考察、国旗下讲话、年节等，开展多种多样的爱国主义教育。

第二项是特区历史与国情教育，学习“拓荒牛”的袁庚精神、深圳活雷锋陈观玉精神、林则徐虎门销烟的爱国精神、东江纵队的精神。同时，在中央教科所支持下，开展“特区历史与国情教育”研究，编写了《特区历史与国情教育丛书》五种:《南山历史》、《南山环境与资源》、《锦绣中华》、《江山多娇》、《方寸图谱话国情》，并以此为教材，开讲座会和专门的课程讲解。

第三项是法制教育，要求学生们遵纪守法，不危害他人与社会利益，遵守社会公德，做合格公民。在此基础上进而培养学生具备高层次的人生理想、情操和道德修养。把学校法制建设结合南山区“二五普法”和“三五普法”要求纳入法治区轨道。同时开展军民共建、警民共建、法院司法局与学校共建活动，定期请司法、执法人员来学校进行法制教育，开设“模拟法庭”，参观禁毒所，请吸毒人员作报告等。从而形成一种对学生们潜移默化的影响力，也大大降低了学生违法犯罪率。

第四项是心理健康教育，建立中小学心理咨询中心，结合生理学开设心理卫生课，编写出版《青春期健康指南》一书作为辅助教材。请专家为家长开讲座，指导家长帮助学生克服心理障碍，受到很多学生和家长欢迎。

第五项是安全教育。包括交通安全、居家安全、运动安全、防火、防中毒、防震防灾教育，特别是交通、溺水等方面的教育，保证学生们的安全，从而大大减少安全意外事故。

曾有一位南头小学四年级的学生，发现父母洗澡时间过长没有任何声响了，这位同学立刻意识到是煤气中毒，他马上打开门窗，并跑到隔壁打电话报警，从而及时挽救了父母生命，这位同学也受到各级有关部门奖励表彰。

以上所述是南山德育工程的各种项目和举措，这是大家集体的功劳，是在区委区政府领导下，南山人民用智慧心血创造出来的功绩，是南山广大德育工作者、教师和学生共同的荣誉。

## 七

南山教育之所以取得巨大的辉煌成就，傲立深圳教育界首位，最核心的竞争力就是人才。从刘焯铿局长开始，南山教育界一直在不遗余力地引入人才。高质量的教育一定有高素质的校长和教师，高素质的校长和教师才能培养出高水平的学生。这就是“名师出高徒”的道理，南山教育从一开始就紧紧抓住了制胜之道。

南山区在引进人才上采用了“三个结合”和“一个通道”的模式，即在求职者中择优录用和走出去招聘相结合，调入与借聘相结合，“吃皇粮”与“自谋生路”相结合。教育局成立了语言、艺术、英语、计算机等数个培训中心，让引进人才创造经济效益“养活”自己。这样既创造了经济社会效益，也拓宽了人才引进的渠道，在留住人才的同时也提升了人才自身的素质。引进人才的“一条通道”是经区政府同意，开辟了人才绿色通道，从而可以大批量地引进优质人才。

在引进人才后，也竭力留住人才，大力营造尊重知识、尊重人才、尊师重教的氛围；采取措施，发挥人才所能，使其人尽其才；关心人才的身心健康及家庭生活，为其排忧解难去其后顾之忧，使他们安心生活工作。

南山教育局人才济济，这些人才在教育局经历锻炼后，调到别的地方或部门工作，都是能独当一面的将才，可以说教育局是培养人才的摇篮。

在南山教育局工作的人员中，有后来成为市领导的林洁、张效民；有成为区局领导的王东、邓连发、曾令格、刘根平；有成为区级局领导的刘湘生、吴声洛、田柳青、刘晓明、陶广放、马颖丽、黄梅等；有成为区级副局领导的陈登福、李启康、兰万兴、田军等；还有调任深圳市其他区工作的，如罗湖区教育局局长王水发、福田区教育局局长田洪明、深圳中学的王铮校长、深圳实验学校的曹衍清校长等。

## 八

我为南山教育的辉煌感到骄傲，为自己能够为南山教育添砖加瓦而自豪。我庆幸遇到一群德才双馨的人，一起砥砺奋进，不断创造精彩动人的成就，让人不由得击节而歌，唱响南山教育的欢乐颂。

在南山教育局工作的 11 年时间，是我一生中难忘的动人回忆。大家都怀揣着奉献教育的浪漫情怀，孜孜不倦，奋勇直前。南山区教育局注重工作作风建设，建立了廉洁自律的制度。首先，书记、局长、人事科长，带头不在家里谈人事工作，严禁请客送礼等不正之风，严格约束家属、司机等人员。即便在这样的情况下，还是有很多人上门送礼，我们的原则是可以收受茶叶、水果等，但是同样以茶叶、水果等礼物回赠来客，对红包、贵重金属等则严厉拒绝。

记得有一次有一位老师来我家，临走前扔下一个红包就跑了，我和太太都追赶不及，于是第二天请司机将红包退回给那个老师。还有一位老师将红包藏在水果篮里，几天后水果烂了，我们发现流出的水竟然是红色的，马上意识到里面有红包。我和当时执教高三的太太回忆出是谁送的水果篮，然后马上将红包退回给这位老师，后来这位老师也顺利调进深圳，证明不需靠金钱打通关系，一样可以成为南山教育和谐大家庭的一员。

不过我也有一些遗憾，就是在减轻学生负担上，始终任重道远。家长的焦虑越来越严重，学生们接受校外培训越来越多，时间越来越长。很多孩子早已丢失了天真活泼的本性，不能尽情地度过快乐童年。我希望，有更多的人关注这个棘手的现实问题，还孩子们一片自由的天空。

如今，虽然我已经退休了，但仍然牵挂南山教育，担任着南山教育局关工委主任，继续耕耘这片教育沃土，教育是我一辈子钟情的事业。虽然我已经上了年龄，但我依然自信，初心不改，其志弥坚。

# 南山教育，我的家

刘　迅

刘　迅，原南山区教育局局长

（注：由于刘迅局长已去逝，我们只能从非常有限的资料中编写了这篇虚拟口述稿，以怀念刘迅局长。虚拟口述稿系根据刘迅1996年10月在《南山教育与南山人——区域教育现代化的构想与实践》所写的“写在后面”及第五章“人才库与科研兴教”、1998年主编的《南山教育——区域教育现代化的探索与实践》、1999年所写的博士论文《现代教育的边缘透析》和2006年在南山区教育科学研究中心成立十周年座谈会上的发言录像等四个材料综合而成。——编者）

## 一

1981 年，我从武汉大学图书情报系毕业后分配到东北师范大学图书情报系工作，1988 年至 1989 年获得中英友好奖学金到英国伦敦理工大学做访问学者。在东北师大工作期间，出版了 10 多种专著，发表了一些文章，因此，被破格晋升为副教授，当上了副系主任。

1992 年春天，令我难忘。

那时，我正在北京大学做访问学者，这所驰名中外的中国首席高等学府所具有的特殊精神魅力，早在潜移默化中摄人心魄，而那年春天发生的一件事——小平南巡，就更让我震撼了！

我当时在想，深圳，究竟是一个什么样的城市？为什么这位风云世界的东方老人当年匠心独具地赋予她以生命，而今，又再次以极大的热情给她注入无限的生机？

有一本书叫《深圳的斯芬克斯之谜》，我认真读过了。不是这本书有惊人的魔力，就是内心深处那不安分的灵魂使我不可阻挡地去探求这谜底。于是，我来了，从北到南，一步挪出了几千里，从高教到普教，同时又面临着学科转换的问题。然而，在我还没来得及想明白这种角色转换对我个人的生命究竟会产生什么样的影响时，我已情不自禁地投入了工作。

南山，的确是一片热土。她让人忘我，让人投入。几年来，我和我的同事们在这里耕耘、收获，在这里探索、拼搏；在这里做区域教育现代化的领先实验。应该说，我们是在激动人心的年代度过了一段绝非平凡的岁月。我常想，有机会要把南山的故事写下来。当时，在晓明、效民、根平的鼎立相帮下，我们写了一本书：《南山教育与南山人——区域教育现代化的构想与实践》（南海出版公司，1996 年——编者注）。深圳市教育局局长廖槎武同志听到这本书即将出版，欣然题辞："今朝探新路，明日登高山。"我想，这里更多的含义是对明日南山的期待和愿望吧！在书稿即将付梓之时，我突然有了一种莫明的忐忑和恐慌；在众多的同行面前，这点实践究竟有多大的分量？在那些专家学者的眼里，这点认识又是否能给人启示和借鉴？

## 二

1994 年，刘焯铿局长调到市教育局任副局长，我被区委、区政府任命为主持工作的副局长，接着很快就任命为局长。焯铿局长走了，给我留下了很好的基础，他主持制定了《南山教育工程》，等于是给南山教育绘了一幅蓝图啊，他的人才库战略，引进了大批人才。我深深感到自己的担子太重，担心干不好。这时，老赵和老李鼓励我，支持

刘迅局长接待教育部原副部长柳斌考察南山教育

我。老赵是局党委书记，政策水平高，老李业务好，我有事就和他们商量，向他们请教。

我们这个班子干什么呢？就是在焯铿局长的基础上，根据《南山教育工程》，探索区域教育现代化。

中国太大了，南北差异太大，经济发展也不平衡呀，中国教育现代化不会某一天早晨就在全国所有地区所有学校实现，一定会有部分地区要先走一步。南山区地处改革开发的前沿，肩负时代的重托，应责无旁贷地进行区域教育现代化的率先实践。这就是当时我们教育局领导班子的想法。

在我的四年任期内，我们的区域教育现代化取得了很大的成绩。我记得我们编过一本画册《南山教育——区域教育现代化的探索与实践》，不知大家还有没有。1997 年，我们还办过一次“南山区区域教育现代化成果展览”，各地的领导和同行都来参观过。国家教委副主任柳斌专程来南山考察，在看了这个展览后，欣然为南山题词：“办高水平教育，奔现代化前程。”

## 三

在南山工作期间，我这个已到不惑之年的人突然萌生了报考博士的念头。其实没有太多的理由，总是感到在实践第一线干得太久了，想找个机会强迫自己学点东西，充电助燃。

在职学习，苦不堪言。三年来，一方面是大容量、高密度的现职工作，一方面是导师王逢贤教授的严格要求，想求两全，真难！记不清有多少次这边刚开完会，顾不上吃饭，买两个馒头就赶紧去面授现场。也说不清有多少回为了妥善处理眼前工作和教学计划中外出考察学习的关系而颇为神伤。最后一年的论文写作，压力更大，有时我甚至产生了支撑不住的感觉。

如果有人问我，攻博的最大感受是什么？我会告诉他，教育，实在是一本大书，即使是用一生的精力来读，能够读懂几个篇章，多少有一点心得，已经很不错了。

## 四

1999年，我获得了博士学位。我的博士论文题目是“现代教育的边缘透析”。在论文中，结合我在南山进行区域教育现代化的实践，论述了自己一些关于教育的思考。

社会是教育的依据，教育必须适应社会的要求。面对着既分化又整合、不断变革的社会，教育做出了何等的反应呢？教育顺应了社会发展的潮流吗？

随着社会的分化，教育内部也发生了各方面的分化。学生、教师、教育结构、教育形式、课程等方面都发生了分化，分化的结果导致了教育手段与教育目标的分离、教育结果与人性发展的分离、教育内容与社会实践的分离等诸多矛盾，从而破坏了教育结构和功能的完整性、统一性。教育的不完整性突出地表现在：

1. 教育被局限于人生的某一阶段，而不是贯穿于人生的全过程。各类教育之间、各种教育形式相互割裂，课程、学制等方面缺乏弹性，学生不能在各类教育之间自由转学或临时退学。一个人学习的机会被限制在固定的年龄、固定时限和狭小的范围内。各类各级教育机构缺乏终身教育的观念，忽视对学生终身学习意识和可持续发展能力的培养。

2. 学校缺乏开放性，与社会、与整个世界的联系被割裂。我国许多地方却把“封闭式管理”作为成功的经验加以推广，学生长期被限制在极小的空间范围内，通常是固定在自己的座位上，如此成长的学生除了学会关心分数，学会服从以外，不知道还能学会什么！

3. 教育目的缺乏对完整的人的关心。我国历次的教育方针均未提到对完善人格的培养，而始终把培养目标定位在“劳动者”、“建设者”、“接班人”等工具价值上。即使提到全面发展也没有把全面发展定位在个性的全面发展上。

4. 教育内容缺乏综合性和包容性。完全独立、封闭和绝对自成体系的单科性学科课程一统天下，而大量课外读物、日新月异的最新科技成果和丰富多彩的社会生活无法进入学生的视野。

5. 专业设置和学业管理缺乏融通性。文、理过早分科，专业划分过窄过细，课程设置过分偏重专业知识和技能。各专业之间相互封闭，学生不能跨专业流动。不完整的教育只会造就不完整的人。不完整的人有一个突出特点：就是缺乏穿透力。常见的“高分低能”现象是其具体表现之一。我国教育培养的人才之所以缺乏穿透力，主要是由于教育忽视对学生复合精神、批判意识和普适能力的培养造成的。

缺乏复合精神，表现在分析和处理问题时常采取二元对立、非此即彼的僵硬态度，以致个体人格受到不同程度的扭曲。

缺乏批判意识，既表现在对外部世界包括他人、社会现象、科学知识等缺乏批判意识，又表现在对自己的态度、行为方式和处境缺乏反思意识。

缺乏普适能力，普适能力不是一般的记忆力、观察力等，而是具备长久的适宜性和广泛的适用性的能力，包括学习的能力和具有广泛适用性的迁移能力。

社会需要复合型人才，这种人才不仅应具有穿透力，而且应具有鲜明的合作精神。面对社会高度的期望，而教育现状又不能令人满意，改革的出路在哪里呢？

我认为，确立全面素质目标，进行通识教育，这是教育改革在目标上的最优选择。通识教育应该是知识传授、能力培养和精神塑造的统一。要培养学生终身学习的意识和愿望，掌握收集、整理、利用各种信息的方法，学会运用多种手段去实现自己的目标。

根据全面素质目标和通识教育的要求，在课程设计上必须选择整合课程作为实现目标的基本保证和教学依据，整合课程应具有如下特征：

第一是课程基础的全面性。1991 年布什政府在《美国 2000 年教育策略》中规定了五门必修的课程：英语、数学、科学、历史和地理；1993 年，克林顿政府在《2000 年目标：美国教育法案》中继续强调上述五门课程，此外还将外国语和艺术列入核心学科，从而在法律上确立了七门核心课程的地位。我国中小学长期强调“双基”，这是可取的，但在实践中因考试的压力，往往忽视非统考科目，“双基”演变为对付考试的手段，不再指向为人的全面发展奠定基础。

第二是课程内容的综合性。课程综合化可采取几种形式：（1）开设综合学科。在课程改革中要注意自然科学、社会科学和数学知识的综合，如在“进化”课中，不仅要让学生了解生物进化过程，还要了解政治制度的演变。（2）学科间的渗透、融合。例如：将人口、环境、能源等知识渗透到小学的思想品德、自然、社会和中学的地理、生物、化学等学科中。在某科教学中将其他学科的知识与本学科内容联系起来。（3）开展专题活动。

第三是课程结构的复合性。传统的课程结构是由学科必修课一统天下，活动课被当作课外活动，整合课程的课程结构则由必修课和选修课、学科课程、活动课程和环境课程（隐性课程）共同构成。

第四是课程形式的灵活性。整合课程突破了传统课程的时空局限性，课程时段和每节课课时可长可短，课程空间把学校小课堂与社会大课堂结合起来。如：有的学校已根据课程内容的数量和性质开设了微型课和长短课结合，建校外教育基地等。

第五是课程目标的主体性。学校的目标应当是培养有独立行为和独立思考的个人，不过他们应当把为社会服务看作是自己人生的最高目的。整合课程是紧紧围绕个性的全面发展，人的主体性的充分发挥而设计的，它兼顾社会、知识、学生几方面因素的平衡，将满足社会发展的要求和学生发展的需要统一起来。

## 五

南山区是全市最早成立区级教科所的。1992 年，刘焯铿局长让我做了首任所长。科研兴教是南山区域教育现代化重要内容，也是我们成功的法宝之一。

当时，我们提出并研究了“区域教育形象论”、“学校教育模式论”、“新人才模式论”、“素质元论”、“现代学校制度论”和“隐形教育投资论”。同时，我们健全了全区教育科研的网络，成立了南山区教育学会，下面有 18 个分会。我们利用学术团体，团结和聚集科研骨干。如“南山区学校教育模式设计与创造学会”就把校园长组织起来，经常研讨，帮助学校设计和探讨教育模式和办学特色，他们还出版了论文集。各学校也按我们要求建立了教科室，全区教科研网络初步形成。

搞科研，就要投入。华侨城中学方星在做“智能单摆”课题时，经费不足，我们就拨了 4000 元。这项成果后来获得全省教育创新成果一等奖和全国教具制作一等奖。记得在 1995 年，我们就投入 100 万元科研经费，用 20 多万元资助出版了专著和文集 16 种。

我们还建立了科研激励机制，对所有科研成果都给予奖励，每年教师节，都要给教育科研评奖。我记得我们有个规定，一等奖是 5000 元，二等奖是 3000 元，三等奖是 1000 元，教师公开发表一篇论文 100 元的鼓励奖。学校也有奖励，南头小学，1995 年一次性就奖励了 2 万元。

1996 年 10 月，原国家教委副主任王明达带队在南山区“双基”督导检查时对南山评价很高。他说过：“看了南山，感到教育现代化并不遥远，你们跟世界一些发达国家并没有太大差距，你们已经有了教科所，要研究世界各国的教育思想和教育方法。”这是肯定，更是希望。

刘迅局长和 1996 年广东省教育科研成果特等、一等奖获得者杨佛海和禹明合影

## 六

我自从离开工作岗位自主创业后，已经拒绝了所有的公务活动，2006 年 12 月，教科中心举行成立十周年座谈会，邀请我参加，我想我一定要去参加呀。这是我离职后参加的唯一的公务活动。离职后，我特别不爱扎领带，好几年没扎了。那天我扎领带了（当时说这话时，他拉了拉自己的领带，似乎是向我们确认，这是他离职后第一次扎领带——编者注）。我整个人就像闲云散鹤一样，不去干扰在位的同事们的工作，但是不是忘了大家？没有，我想念南山教育的每一位同仁啊。

我和焯铿局长讲过，南山真的是我的家，南山教育局是我的家。我现在打个电话给小麦（指时任区教育局办公室主任麦润清——编者注），我说小麦，我一句话还没说完，他说刘局什么事？马上就来了，还是一样的，就像七八年前。好像我还在当局长。我本来就是一个老百姓了，怎么总觉得我还在当局长啊，我自己都转不过来。我本来很想改变那种行为习惯的，可又让他们给我拉回来了。

还有一个感觉，就是我个人在南山度过了6年的激动人心的岁月，这个岁月让我很难忘。我离开后你们在区领导的带领下，教育的发展硕果累累，绝对是长江后浪推前浪，给社会奉献了日新月异、丰富无比的教育成果。我在想，一个社会群体经过社会历史演变，它会给未来留下一些东西。用社会学的角度来说，我们就是一个社会群体。我个人觉得，南山教育从曾建中局长以来直到今天，一脉相承地留下了两种东西。

一种就是刘焯铿局长总结的，我们兄弟般的友谊与和谐的家庭气氛。我们教育局领导班子绝对没有本质上的冲突。老赵（赵祝武——编者注）、老李（李忠俊——编者注），我们兄弟般的友谊一脉相承。那时，不管谁出差，都会相互给大家带礼物，简直就不知道该怎么亲了，好的不得了，我认为这种精神还是要留传下去。

还有一种就是改革开放，快速推进，日益进取的精神。大家看过电视剧《亮剑》，这里面就有这种精神。最近我读了一本书，叫《世界是平的》，从2005年至今，是世界上最畅销的书，这本书相当于《第三次浪潮》，它给人一种什么思想呢？我们过去在全世界范围沟通时，会有很多障碍。地域啊、肤色啊、语言啊、风俗习惯啊，我们感觉有很多障碍，但是弗里德曼写得非常好，他觉得所有的沟沟坎坎，都可以填平，他讲到美国和世界之间为什么是平的，发展中国家和世界为什么是平的，又讲到为什么在柏林墙推倒后，Intel在进入全世界每个毛细孔之后，我们思考问题要从全球化这个背景去思考。这可不是一件简单的事情，你不仅要有这个胸怀、眼界，你还要有这个能力。所以在南山教育未来如何发展的问题上，我就给大家提这么点建议，我们要在全球化的背景下，思考我们南山教育的未来，我相信你们一定会有一个很好的答卷。

# 创建广东省第一个教育强区是我的目标与追求

李忠俊

李忠俊，南山区教育局关心下一代工作委员会荣誉主任，原南山区教育局局长

## 一

来深圳之前，我在海南文昌中学当骨干教师，待遇不错，但那时交通不便，遇到台风天，回广东老家要坐几十个小时的车。为了能离家近些，1984 年我来深圳教育局求职。当时文昌中学是中国名校，深圳教育局领导一听说我在那儿工作，就让我把档案寄过来，分到深圳中学。第二年，我带着家人来到深圳，发现情况有些变化。当时南山西丽正在筹建西丽中学，市教育局安排我来当筹备组组长。有人告诉我，学校选址在西丽湖度假村旁边，我一听就很高兴，想象那是度假村又是景点，应该很漂亮。

一来到西丽，我的心都凉了半截——没有楼房，没有水泥路，没有路灯、自来水。周围只有 3 个商店，卖扫帚、铁桶、脸盆等日用品。早上 7 点钟，市场有农民挑菜来卖，卖一点肉，鱼是没有的，要吃鱼得跑

到南头、宝安去买。小市场9点半就散了，假如家里有客人来，都买不到东西。

自来水也没有。那一年遇上大旱。晚上工作回来，井水挑完了，打上来的都是黄泥水。我就用一个脸盆和铁桶来沉淀，倒掉泥巴后用剩下的水擦擦身，就算是洗澡了。

我刚来时没有地方住，开始住在西丽办事处的一个小房，后来又搬到一家公司的仓库里住。那个仓库还漏水，晚上下雨，醒来后一摸脸上都是水。

那时这里教育也很落后，西丽居民大部分都是小学学历，初中学历都是凤毛麟角。1986年，西丽中学正式招生，教室还没有落成，我们只能到南头中学借两间教室来招生。到了第二年学校盖好了，那两个班才搬回来，我们又再招两个班。就这样西丽中学慢慢办起来了，初中部和高中部都有。

我到任时，南山区教育局主管的片区还是城乡结合部。我们南山人要到深圳市区去，都说“到深圳”，似乎我们自己不是深圳人。当时南山区有四个片区：蛇口、南头、华侨城、西丽，这四个片区只有蛇口比较先进，华侨城稍微先进，南头是比较落后，西丽是最落后。整个南山区的教学成绩在深圳经济特区内排倒数第一，开会的时候我都不好意思坐在前面，只敢坐后排。

我们花了两年时间，让南山区的中高考成绩追上了罗湖、福田。从1993年开始，我们就是深圳市第一名，直到2002年我退休，已取得十连冠。1998年时我升任区教育局长、党委书记，任务就是带着南山区向“广东省第一个教育现代化强区”的目标冲刺。

第一项工作是保证教育发展的平衡。这个很重要，要提高南山区的整体教育成绩，就不能有薄弱学校和薄弱区域，四个片区必须齐头并进。那么首先的工作就是要改造西丽，那时的西丽还是农村教育。

在那之前，我们几届领导班子都很重视西丽的教育情况，在资金上都有所投入，西丽教育已经在慢慢地改善。我上任局长的两年内，在西丽投入了3000多万元。这在当时是很大一笔的投入，我们给西丽的10所中小学各盖一栋现代化综合性教学大楼。其次是充实它的教学设备，比如配电脑室、投影设备、电教设备，建设塑胶跑道等。当时每年有约2000多万的教育附加费，我们至少将1000多万投给了西丽。有了新大楼、电脑室、电教室，又有新的塑胶跑道，整个西丽的学校都焕然一新。

当然其他学校也会有些意见，我和他们说："我们不撒胡椒粉，集中财力来做一件事，效果会很显著。今年他们有，明后年就到你们了。"他们也觉得有道理，就没有再说什么。

薄弱地区发展好，师资力量强了，整个南山教育就平衡了。2000年，当时广东省教育厅领导来南山区调研。他问我："老李，南山教育哪里最落后？"我说，西丽啊，那里的学校就挨着二线关的铁丝网。我就带他到西丽的白芒小学去看。结果他说，不落后，比许多广东省的中心学校都要好。"南山区的条件可以参评教育强区了。"他说道。

当时我有一个口号，现在看起来比较符合实际——西丽教育崛起之日，就是南山教育腾飞之时。广东省是在2007、2008年提出教育要过平衡关的问题，而我们提早10年就在做了。

## 二

西丽地区的教育扶持上来后，紧接着就是提高我们南山区整体的办学水平和教育综合实力。我们通过教育督导的方式，对区里的各个学校进行督导评估，让基础薄弱的学校争取评上区一级，再上升到市一级，然后才有资格申报省一级学校。

那时我不仅是教育局长，还兼任了区人民政府教育督导室主任。本来按规定可以任命别的人来担任，但是我直接来抓这项工作。当时整个南山区约有30%的学校是基础薄弱学校，所以我们要下力气来攻克这个难关，让每一所学校都成为规范化学校。消除基础薄弱学校，这是当时省里制定的最低要求。

为了鼓励学校积极申报评级，我们的资金投入都是有重点的，对于评等级的学校，少则几十万，多至几百万。这对他们而言是一个动力，那时全区几十所学校都争着要上等级。

除了资金以外，我们还加大在教师资源等方面的投入，人才库战略就是为了招揽人才提出来的。建设教育强区，没有人才一切都是空话，好比这台电脑要有人操作，这门课需要有优秀教师来教。我们还要求，调入的教师要有优良的师德，业务能力也要高人一筹。

当时，我们招人才可以说是不拘一格，只要高、精、尖。没有地域限制，不一定非要是北京、上海的。自 1994 年起，我们招了十几个大学教授、副教授、博士。有些人和我说，你们这是大材小用。但我认为，提高学校实力就需要这样一群人。例如我们当时招了一个教外语的大学教授，叫兰金仁。起初有人说，我们招大学教授来没有用。事实上，他在我们这里如鱼得水，发挥了很大的作用。他过来之后，先是在南山外国语学校担任校长，我带他去香港、新加坡等地学习别人的双语教材。以那些为参考，他自编了一套南山区的儿童智能英语教材，这套教材后来全国各省以及北京的学校都来订购。

为了方便人才的引进，我找到南山区人事局的领导建议：现在人才引进能不能有个绿色通道，比如说只面试，不笔试。我当时列出了 6 个条件，说只要获得过全国先进教育工作者，国家级、省级的优秀教师、优秀班主任或者优秀学科带头人这些奖项中的一项，就可以通过绿色通道进来。

区人事局同意后，我们一年引进的 100 多个教师中至少有一半是通过绿色通道进来，那几年我们前后共引进了 400 多位骨干教师。他们中很多人一进来就成为南山骨干和优秀校长，为我们推进素质教育和课程改革等工作发挥了很大的作用。

值得一提的是南山教研科研中心的成立。1996 年 2 月，局党委决定成立区教研科研中心，将教研、科研、体卫艺、电教站四个部门整合起来，便于统一指挥，协调行动，资源共享。这是深圳市第一家区级教科中心，后来刘迅局长调到宝安区也成立了宝安区的教科中心。局党委决定由我兼任第一任中心主任，此后，陶广放、曾江、张效民、禹明等先后任职中心主任。他们均为中心的建设、南山教育的发展做出重要的贡献。区教科中心被誉为南山教育的窗口、南山教育的作战参谋部、中考高考及各类学科竞赛的指挥中心，他们为每位学生的成长铺路，为每位教研员、教师的专业成长提供舞台。他们的工作默默无闻，但平凡中见伟大，奉献中露光芒。2006 年，南山教科中心成立十周年，禹明主任要我为中心题词，我欣然题写："在改革大潮中应运而生，在教改热潮中发展创新，在教育现代化征途中屡创辉煌。"题词不足以概括区教科中心的业绩，但却真真实实体现了我对中心的眷念之情。

## 三

1997 年，南山区教育局党委决定在全市率先推出"名师工程"。在这年的教师节表彰了南山区首批名师，分别是禹明、兰金仁、方星、孙福媛、胡翔和刘的堂。他们来自不同学科，都是教育领域涌现出来的拔尖人才，具有较大的知名度和影响力。名师有传、帮、带的责任，还可领取一定的奖金补贴，每年还可享受一次出国进行教育考察学习的待遇。

2001 年 9 月，南山区教育局又组织了第二批名师评选活动。这次评选的范围更广，影响更深，人数更多，共评出了 12 名南山名师（包括 3 位名校长郑季贤、罗楚春、王升平）。名师评选活动激励教师更加注重教书育人，特别是在教学、科研领域多出成果、鼓励教师们的专业成长，成为拔尖人才，是我区师资队伍建设的大手笔。评选区"名师"在深圳市是首创，起到了积极的引领作用，随后，各区也先后评选名师。一批优秀学科带头人、教育各领域的领军人物的不断涌现，推动了深圳教育向更高层次发展。

## 四

仅仅重视应试成绩还不够，我们还必须提高学生的综合素质水平。20 世纪 90 年代，我们响应国家方针，从中期到后期都在全面推进素质教育，争创教育特色。

在我还担任副局长时，我们提出了德育、英语、艺术、体育、现代化教育技术、教育科研 6 大教育特色。当时，我们这些教育特色在广东都是领先一步的。

在英语方面，我们成立了专门的英语培训中心。20 世纪 90 年代初期，深圳掀起了一股学英语的热潮，很多学生想去留学，不会说英语不行。外语学校应运而生，很多深圳市民希望把自己的子女送到那儿去。但深圳市外国语学校只录取罗湖、福田的学生，不录取南山的，因为当时不能住校，走读又太远了。

那我们的孩子想学英语怎么办？ 1995 年，南山区委区政府决定成立南山外国语学校，这是深圳市第一所区级外国语学校。区里很重视，当时管教育的副区长黄水桂还让我去兼任南山外国语学校的校长。

李忠俊局长在南山外语学校与来访的外国教育界人士

除英语外，在现代化教育技术方面，当时我们也是走在深圳前列。现代化教育技术，最早叫做电化教育，也就是在教学过程中运用录影、投影、电脑等手段。

1999 年，我们南山区被省教育厅定为广东省教育现代化、信息化实验区。当时在中山市召开会议，我说，我们的目标就是要建成南山区教育局局域网、教育信息资料库和中小学教育资源库，率先在全省实现“校校通”工程。

有人告诉我，教育信息化最先进的是顺德，顺德当时有一栋全省最先进的教育信息化大厦。我就带着我们教育局的领导班子一同去参观。那栋大厦总共 10 层，参观时我发现里面自用的才几层。

回来后，我和我的同事们说，我们要赶上和超过顺德，建设广东省教育系统第一信息化大厦，13 层全部自己用。同时在全区铺开，各校都建校园网，并跟教育局联通，搭建教育信息资料库和中小学教育资源库，资源共享。这才是真正实现教育的现代化和信息化。

李忠俊局长陪同时任深圳市副市长李容根考察大新学校

1998 年后，我在上述的 6 大教育特色之外又增加了科技创新、环保教育、心理健康教育 3 大特色。之所以加上这 3 点，是为了适应新形势，根据出现的新问题进行创新。

以环保教育为例，21 世纪是环保的世纪，大家生活水平提高了，环保意识也在增强，所以我们开设这类课程，让孩子从小就知道如何保

李忠俊局长（前右）代表南山区签署中加学校办学协议，后排左二为时任副区长毛晓碚

护自己的居住环境。这9大特色后来都得到省教育督导组的好评。

不仅是教育特色要创新，教育体制和课程内容更是要与时俱进。这也是后来我推行教育改革的原因。教育改革是全方位的，包括了教育体制改革和课程改革。

前者打破了传统的政府办学的单一模式。当时我们开创了五种新的办学模式，即公益性集体办学、国有民办、私立办学、国有联办、中外联办。后来白石洲中英文学校、北师大南山附中附小、北大南山附中附小、深圳南山中加学校等一批名校陆续落户深圳，增强了南山区办学的活力。

后者是对课本和课程进行改革，因为课本对教育质量的影响很大。过去，老课本是全国统一的，没有特色，而且很多都过时了。我发现，国外的课程就很灵活，它既强调书本知识，也强调实践能力。所以我推行课程改革的目标就是，我们不能单独培养书本特色和理论知识，也要培养实践能力和动手能力。

那时候，我区教学改革如火如荼。我们很早就建立了国家课程、地方课程和相辅相成的较为完整的、具有现代特色、体现素质教育要求的课程体系。我们先后组织编写了《南山历史》、《电脑教学》、《中学生生物教学实验活动读本》、《花卉栽培》、《科技教育综合教材》、《社会教育综合教材》等十余种地方教材，使学生的创新意识提升和实践能力培养得到落实。同时我们在全区范围内开展了“丁有宽教材教法”、“异步教学”、“初中英语整体改革”、“立体教学实验”、“物理诱思探究法实验”、“小学语文多媒体作文教学”、“史丰收速算法”、“奥尔夫因与教学法”等30多种教学改革实验。第二课堂广泛开展，社团活动热火朝天。学生们在省级以上的各类竞赛中夺得数千项奖励，有的还在国际竞赛中取得荣誉。作为广东省教育现代化和教育信息化实验区，我们建起了覆盖所有学校的多媒体网络中心，各学校建起了多谜题功能室和校园网，实现了教育资源的共享。我们的学生在网上获取教育信息，接受网上教育，与发达国家的孩子站在同一起跑线上了。

2000 年，我们保留了语数英三门主科，将历史、地理等文科课合并为文史课，物理、化学等课程合并为理科综合课，避免将课程分类得太细。合并之后还开设校本课程，即各个学校可以自己编乡土教材。

当时要找能教校本课程的老师，很不容易，所以我们还要对老师进行培训，学校要自编教材，工作量不小。这也是慢慢适应的。好在那几年我们一直通过人才库战略引进教育精英。当时我们负责推广课改理念的副局长贾非，他是课改的专家，在课程改革方面发挥了出色作用。

## 五

2000 年南山区成为广东省课程改革实验区，2001 年成为国家级课程改革实验区。广东唯此一家成为教育部课程改革实验区。

2002 年，南山区被评为广东省第一个教育强区。

2007 年，我已经退休 5 年了。教研室来给我报喜，说我们 2001 年参加课程改革的这一批初一学生，2007 年成建制地参加了国家高考，高三用的复习材料都是自编的教材，在深圳市还是高考第一，上线率、重点率、本科率、大专率全部是深圳市第一。这说明我们的课程改革是很成功的。

自 1998 年开始，我们不断地在为增强南山教育综合水平，建设现代化教育强区做铺垫。在资金投入上，我们有一个投入三原则：第一资金投入向稍微落后的地方倾斜；第二向正在评估的学校倾斜，学校要评等级，我们就给它足够资金添置设备；第三，窗口学校是我们的门面，经常有人来参观，要给它适当增加点投入。

每年区委区政府都有拨款。我们教育局还有教育附加费，一年有 2000 万。我们根据三原则来调配，“不撒胡椒粉”，把资金集中使用。这样可以明显看到，教育质量和水平显著提高。

2002 年 1 月份，由省政府督导领导和各个地级市抽调的知名教育专家组成的广东省教育强区评估团来南山督导评估。后来，区政府和我说，督导组对你们的评价很高。

事实上，我们能获得这样的成绩与历届区领导对教育的支持密不可分。历届南山区教育局的领导班子都是搞教育出身的，市教育局认为我们南山的教育班子团结、创新、开拓，而且比较稳定。在我任上能获得这样的成绩不是从天上掉下来的，是教育局历届领导班子共同打下了很重要的基础，刘焯铿、赵祝武、曾建中、刘迅等老同志都作出了重要贡献。

来深圳 31 年，我参与了南山教育工作的数次改革和转变，直到获评广东省第一个教育强区，完成了我的任务。我更加确信当年来深圳这条路没有选错。

我是南山区的“四朝元老”了，这一路走过的历程我都很清楚。作为南山教育的拓荒牛之一，我完成了给自己立下的目标，我很满足。

# 身入南山即故乡

田柳青

田柳青，原南山区教育局副局长

## 一

我来深圳工作之前，曾在老家大埔县高陂中学、古埜中学、大麻中学等多所学校任过数学教师，也在县粮食局教育股当过老师。当时 28 岁的我之所以离开故乡，选择来深圳工作，并非一时冲动。

大埔县是著名的侨乡，18 世纪末至 19 世纪大批先辈们纷纷“下南洋”谋生，如今他们的后辈散布在世界各地，其中港澳台的客家人为数不少，我就有一些亲人和乡邻生活在这些地方。“世界那么大，我想去看看”这句话，虽然没有那么浪漫，但确实道出了我们骨子里传承的客家人的艰毅和开拓精神。

20 世纪 80 年代初，我父亲去了一趟香港，目睹了香港与内地在经济文化、文明程度等方面的差异，很是震撼！例如乘坐公交车，乘客们都自觉排队，公众场所基本见不到有人随地吐痰、乱扔垃圾，以及所接触的人表现出来的专业素质和敬业精神等等，这些细节都给他留下了深刻的印象，受到了很大的触动，引发了很多的启示。他敏锐地意识到，与香港隔河相望的深圳，一定可以从香港那里学到很多东西，因此他认为深圳一定是个大有可为之地。

那时候，深圳作为全国首个经济特区和改革开放的前沿，已经开始吸引了内地许多人热切的目光，我周围也有不少人前往深圳打工或学习考察，回来后逢人便介绍深圳的发展状况，说那里的企业厂房、商店、马路，就是跟内地不一样，处处呈现一派热火朝天、大干快上的建设场面，是一个充满朝气、可以实现梦想的地方。他们的描述，加上之前父亲对深圳的判断和认可，不禁让我对深圳心驰神往。

1984 年，我怀着梦想毅然来到深圳，工作的第一站是在当时宝安县的坪山中学任教，工资也从老家的 49.5 元涨到了 150 元。记得我把工资领回来后，看着那 10 元面额厚厚的一叠钱，我爱人高兴地直说："来深圳有这么多钱啊。"

虽然深圳工资比内地高，但当时深圳的生活条件还是非常艰苦的。1986 年 9 月，我由坪山中学调到南头区的西丽中学任教，虽说离深圳市区更近了，也还有 20 多公里，属于名副其实的"城乡结合部"：南头区只有几条很窄的马路，除了一条街道南新街外，其他地方都是坑坑洼洼的土路，甚至连路都没有，到了岭南梅雨季节，道路泥泞不堪，路人走起来苦不堪言。当时我住在南头，每天需要骑自行车七公里到西丽中学上班，而从南头到西丽的路，一路破烂，一路颠簸，简直没法走。如果遇上下雨天，那真成了"水泥路"——到处都是水和泥，没法下脚，每次赶到学校都快成"泥人"了，狼狈不堪。

我记得，我有位老乡 1985 年调入西丽塘朗小学工作。当时，他父亲满心欢喜地亲自送儿子到深圳上班，在他们的想象中，深圳应该是到处是高楼大厦、一派繁华景象，没想到他送儿子去学校时，走的是一条羊肠小道，路边杂草丛生，学校周围基本上除了大片的荔枝林就啥都没有。课余时间老师们还要组织学生砍柴、烧水、煮饭，条件极其艰苦，他们完全不敢相信所谓的"深圳特区"竟然是这般荒凉景象。他父亲回去后，有人向他打听深圳的情况时，他都不敢如实相告。

1987 年，我被调到南头区教育局担任会计。那时区教育局只负责管理辖区内的小学，中学归市教育局管辖。教育局办公地在南头区中心小学旁（今南山实验集团南头小学），全年的教育经费只有200多万元。当时南头区教育还是积贫积弱的农村式教育，大部分学校都只有一栋教学楼或简陋的平房，教育条件十分落后。学生主要是渔民和村民的孩子，师资力量薄弱。

田柳青副局长在前海小学调研（2000年）

我刚到教育局上班时，教育局还没有小汽车，大家到学校听课、检查工作都是骑自行车前往。条件虽然艰苦，但曾建中局长带着我们建设校园，听课调研，努力工作，敢想敢闯，没有那么多条条框框，大家关系融洽、互相支持，每周六下午还一起动手把教育局的小院子打扫得干干净净。

对于这一段艰苦但激情燃烧的创业岁月，我甚是怀念，因为正是这样一大批有理想、有激情、有能力的老教育人，他们背井离乡、不畏艰辛、勇于开拓、敢于创新，把自己最美好的一段青春年华挥洒在南山这片热土上，才有了南山教育从农村教育到城市教育的跨越。每次想起这段岁月，我都会不禁联想到我们客家地区流传很久的一首歌谣："人禀乾坤志四方，任君随处立常纲。年深异境犹吾境，身入他乡即故乡。"我觉得这也是对当初怀揣梦想勇闯深圳的一大批开拓者最好的写照吧。

## 二

1990年，南头、蛇口合并为南山区，南山区教育局也宣告成立，从此掀开了南山教育改革创新的大幕。

从1990年建区到2002年我离开教育系统，南山教育在四位老局长的带领下快速崛起，实现了从城市教育到现代化教育的历史性跨越，同时也成为广东省第一个教育现代化强区。能取得如此瞩目的成绩实属不易，除了南山区领导对教育的高度重视和广大南山教育人的努力拼搏外，四位老局长带领的几届教育局领导班子团结和谐、传承创新，他们身上表现出来的那种锐意进取、敢为人先的特区精神尤为重要。

南山区成立之初，区教育局主管的片区还是城乡结合部，全区的教学成绩在深圳经济特区内排名靠后，如何让南山的教育水平赶上其他片区成了当务之急。1990年9月，刘焯铿同志从深圳大学调到南山区教育局，成为南山区建区后的首任教育局局长。刘焯铿局长上任时才35岁，正可谓年轻有为。他确实是一位有思想、有魄力、有改革创新意识、敢想敢干、勇于担当的优秀掌门人。在他的带领下，教育局领导班子很快达成了共识：要全面提高南山区的教育水平，必须走一条改革创新的道路，以获取教育发展的“加速度”。

在刘焯铿局长主导下，教育局迅速启动了南山教育发展规划研究工作，通过调研国内外教育发展经验，结合南山教育的实际，编制了南山教育发展十年规划——《南山教育工程》，规划描绘了南山教育发展的目标：到2000年，南山区教育发展水平要达到全国区县先进教育行列。

依托这项南山教育的顶层设计和战略构想，南山教育先行先试，大胆进行教育改革创新：在全市教育系统率先成立教科所，对计算机、英语、艺术等学科进行积极地探索和试验，取得了显著的成果。当时，深圳所有小学都是从四年级起才开设英语课程，而南山区率先从一年级就开设英语课程，这项改革获得了成功，从而也奠定了南山教育国际化的高度。对于教育而言，建设一支优秀的师资队伍是至关重要的，对此，刘焯铿局长提出使用“复合型”人才的概念，同时大规模引进优秀校长和教师，后来成为南山教育中流砥柱的刘迅、刘晓明和刘根平等人就是这一时期引进来的。通过几年一系列的大手笔改革创新，南山教育得到快速发展，整体教育水平逐年提高，开始走在全市各区的前列。

在刘焯铿任局长时，我负责财务基建工作。南山区成立伊始，教育经费依然匮乏，我们一方面积极争取区政府和各部门的支持，另一方面加强教育经费的管理，精打细算严格把关，控制每一笔经费支出。在这方面，我是敢于坚持原则，对一些不合理的经费使用申请，即使局领导审批同意开支，我都会据理说服，暂缓开支，当时很多人并不理解我的做法。其实，我的想法很简单，好钢用在刀刃上，花钱花在根节儿上，教育经费就应该用在最需要的地方。

1994 年，刘焯铿同志调任深圳市教育局副局长，由刘迅接任南山区教育局局长。刘迅局长同样是一位有能力有魄力的优秀掌门人，他办教育的思路很清晰，对教育理论、理念和管理都有很深的研究。他在曾建中、刘焯铿两位局长打下的基础上，继续带领大家大刀阔斧地改革创新，使得南山教育又有了长足进步，从城市教育转变为现代化教育，为南山成为现代化教育强区打下了坚实的基础。后来刘迅担任宝安区教育局局长，把南山教育的好经验推广到宝安，使宝安教育也发展得很迅猛，特别是使宝安中学成为深圳的知名学校，这证明聚合了很多南山教育人的智慧和心血的教育经验，是正确且有生命力的。

在刘迅任局长时，我先后担任财务科科长、副局长，继续负责财务基建工作。期间，南山在全市教育系统范围内率先成立教育财务结算中心，加强了教育经费的监控，有效防止了腐败的滋生，提高了教育经费的使用效率。每年新学期开学前的校长会议上，我们都会请财政、审计等方面的专家讲财务管理知识，提高校长们对教育财务管理的认知程度，剖析问题，做到警钟长鸣。这一时期，教育经费虽然逐年增加，但依然相对紧张，为了让有限的教育经费可以产生最大效益，我们精打细算每一笔开支，细到开大会按照人数计算买多少瓶矿泉水，绝对不会多买多花钱。当时大家不理解，认为教育局太“抠门”，但局领导班子带头廉政自律，坚持发扬这种勤俭节约、艰苦奋斗的创业精神。记得有一次，刘迅局长、赵祝武书记和我一起出差到华东冶金学院洽谈合作项目，我们舍不得花钱，就在学校招待所要了一间三床的房间，三个人住在一起。宁愿委屈一下自己，少一些花销浪费，也要将钱花在该花的地方，让南山教育更快更好地发展，这就是当时我们那一代人朴素的共识吧。

1997年后，李忠俊同志担任教育局局长，一如既往地强调教育改革和创新，并根据新形势新问题对以往教育举措做出相应调整，南山教育综合水平得以显著提高。1998年1月，经广东省人民政府督导室组织评估，南山区被评为广东省第一个教育强区，南山区教育发展水平达到全国区县先进教育行列，提前两年达到《南山教育工程》规划目标，得到全国教育界的好评。

这一期间，我任教育局副局长、党委副书记、纪委书记。我一如既往地秉承公平公正的办事做人原则，以身作则，廉洁自律，努力在教育系统中树立正气、打击歪风邪气，妥善处理各种矛盾纷争，维护校长和老师们的合理诉求。当收到一些反映学校存在的问题时，我首先会找校长谈话，如果确实存在问题，我会和校长坦诚沟通，希望校长能举一反三，及时纠正，化解矛盾，把问题解决在萌芽状态之中；如果校长认为是无中生有的事，我则会在详细调研后找老师说明情况，有时甚至召开全体教师大会通报相关情况，努力营造和谐的人际关系。可以说，这样的工作态度和作风得到了广大校长和老师的欢迎和认可，为南山教育打造一支团结、和谐、稳定的教师队伍尽了一份绵薄之力。

田柳青副局长（右一）代表南山区教育局接受
中国教育学会实验区匾牌

作为南山的一名老教育工作者，有幸亲历了南山教育的崛起，见证了南山教育从农村教育到城市教育再到现代化教育强区的历史性跨越，我很知足，也很欣慰，因为当初勇闯深圳干一番事业的梦想我基本实现了。

## 三

2002 年 2 月，根据区委的工作安排，我离开南山教育局，调任南山区科技局局长，并先后担任南山区审计局和发改局局长。

对于工作了 16 年的南山教育局，我怀有深厚的感情和无比的眷恋。作为改革开放的前沿特区，南山教育系统汇集了一大批德才兼备的教育精英，他们的人品、学识、才能，无不让我深深钦佩！正是因为他们无私的帮助指点，我的能力也得到了锻炼提高。从 1986 年来到南山，我走遍了南山的每一所学校，与众多优秀校长和教师建立了深厚的友谊，大家志同道合、相互激励、相互扶持、相处融洽，一心一意为了南山教育的崛起而打拼，这是一段永远难忘的燃情岁月。在我离任前举行的告别会上，与大家一同回忆起走过的点点滴滴，情之所至，几番落泪。

虽然离开了教育系统，但我与教育的情缘从未中断，它总在现实与梦里萦绕在我的思绪中，不断提醒我继续为南山教育尽一份力。所以，在我相继担任科技局局长、审计局局长和发改局局长期间，依然以合理合规的方式来支持南山教育的持续发展。

我担任南山科技局局长时，对于教育局举办的校园科技节和各种中小学生科技活动，以及开展的各类科研课题研究，只要有利于培养学生科技创新能力的活动，我都会尽力给予关注和支持。到审计局任职后，我对教育经费审计、学校建设等方面提了不少意见建议，进一步规范了教育系统经费的使用，同时也有效避免了一些风险问题。在发改局局长任上，我格外重视做好南山学校建设的规划工作，充分考虑教育的未来发展，尽量高标准、前瞻性做好教育的规划布局，并在资金、项目上最大限度给予支持。服务南山教育，助力南山教育迈上新台阶，是我不变的初衷。

田柳青副局长（右二）指导教科中心电教站的工作

当前，南山教育整体办学水平是比较高的，但也同样面临着新的机遇和挑战。教育的发展，关键是人才。20 世纪 90 年代引进了一批优秀的校长和老师，使南山教育得到快速发展并取得丰硕成果。但随着全国范围内对人才的重视以及经济实力的普遍提高，大家都在“抢夺”人才，而深圳的房价较高，工资待遇没有什么优势，人才的吸引力正在下降，现阶段已经很难引进高素质的教师了。所以当务之急要加大力度培养现有的教师队伍，自力更生修炼内功，努力打造一支高质量的校长和教师团队，才能应对未来教育对人才的需求。

南山的教育发展高位均衡，这是好事，但我们也要看到，由于南山缺少一所能在市民中认可的高水平区属高中，导致南山培养出来的许多优秀学生不得不选择区外名校，而优质生源的外流也影响到区属现有高中的进一步发展。希望南山教育能在继续办好每一所学校的同时，集中优质的教育资源办一所国内有影响力的高中，这样南山教育就能形成一条从幼儿园、小学、初中、高中再到大学完整的优质教育链条，南山的学子们不出南山就能享受到最好的优质教育，南山也就真正成为名副其实的教育高地。

南山教育未来的发展仍然充满挑战，而教育的改革创新永无止境。对于南山教育的未来发展，我希望南山教育人继续弘扬敢闯敢试、敢为天下先的特区精神，发扬追求卓越、崇尚成功、宽容失败的创新精神，锐意创新，积极进取，海纳百川，兼容并蓄，团结奋进，同心同德，营造一个宽松的教育环境，再创南山教育新的辉煌。

衷心祝福南山教育！

# 我有幸搭上了南山教育发展的快车

贾　非

贾非，原南山区人民政府教育督导室主任

南山教育取得今日的辉煌，是大家集体的功劳和成就。大家团结和谐，齐心同力，坚守在南山教育的乐土上，共同谱写了恢弘的乐章。我有幸搭上了南山教育发展的快车，亲历了南山教育的许多改革。南山教育 16 年是我一生最值得回忆的经历。

我在南山区教育局分管过的工作最多。先后分管过教育督导、基础教育管理、教师培训、教育科研、体育卫生、成人及职业教育、学校德育和团队建设、社会力量办学、对外交流和合作办学、校园安全工作。分管时间较长的工作有督导工作、基础教育管理、学校德育及团队建设、社会力量办学、对外交流与合作办学、校园安全工作，将近 8 年时间。

南山教育人永远盯着前面的目标，不给自己设框架，敢于大胆改革创新，破旧立新，彰显特色，永远走在前头，中央和省级教育部门要启动改革时，南山区已有较成熟经验了，可谓提前就摸着了“龙脉”走，这就是所谓的“南山经验”。

## 一

2001 年，教育部请示国务院启动建国以来规模较大的一次基础教育课程改革。这是一场自上而下的改革运动，当时全国共有 38 个课程改革实验区，南山区是其中之一，不过南山区是唯一的一个在各个学段、各门学科全部启动大规模课程改革的实验区，可以说南山区提供的经验和数据，具有权威性。但是南山区的课程改革不是一拍脑袋就上的，也不是一两个人所为的，是有一定的社会背景。

一是，当时全国的学校教育改革的现状是，教育改革不敢去触动课程的改革，课程改革成为学校改革的深水区。二是，南山区学校已经启动了小范围的、分散的课程改革活动。比如说南山区教育局教研室已经编辑了中国第一套环保教材，还有科技教材、法制教育教材等，并且在中小学开始使用，这在全国属于罕见。此外，许多学校开展了诸如长短课、弹性课程、研究性学习、协同教学、反馈教学、异步教学实验、诱思探究实验、主体教育、活动教学、心理健康教育、计算机与学科课程整合、整体构建学校德育体系等多达 40 多项等教学方式的改革，说明当时南山区课程改革具有相当好的基础。正因如此，国家教育部基础教育司副司长朱慕菊和课程处的白处长，来广东调研选定课程改革实验区的时候，我记得当时按领导要求是在海湾小学召开的会议。海湾小学邓晋标校长汇报完学校课程改革工作之后，朱慕菊副司长当场决定广东省就定南山区为国家课程改革实验区。参加那次座谈会的还有南油小学的黄根东校长、松坪小学的罗楚春校长。三是，课程改革是一项很宏大的工程，我们教育局领导班子内部意见高度一致，齐心协力地推进课程改革。最初我私下先请示李忠俊局长时，李局长很坚决地表示一定要争取到国家课程改革实验区的任务。后来我和禹明主任又找到李忠俊局长，请示一个问题，我们到底开不开展综合课课程改革，因为据我们了解全国开展综合课改革的实验区很少，原因是综合课争议多、难度大。当时李忠俊局长讲，这次课程改革的核心就是综合课改革，不开展综合课改革还搞什么课程改革呀！所以，南山区所有的学段、所有学科全部启动课程改革。

南山区课程改革的经验一句话概括起来，就是抓住难点（综合实践活动课）、重点（综合课）和关键（校长观念、教师观念、学习方式改变），从而抓住了课程改革的主旋律。

在课程改革中，真正的课程改革总参谋部、指挥部是教育科研中心，禹明主任带领郑秉捷、陈坚等一批教研室的教研员、校长扎扎实实推进课程改革工作。当时课程改革的实施方案以及其后各种经验的概括归纳，都出自现任教育局局长刘根平同志，所有材料都出自他的辛勤工作，他经常熬夜加班写材料。南山区课程改革是大家集体共同奋战的结果，我只是搞教学论和课程论专业出身的，对课程研究有兴趣，所以比较积极一些而已。正是因为大家齐心协力，才将南山区课程改革非常顺利地推进，并取得了丰硕的成果。

2004年南山区人民政府表彰十佳基础教育课程改革优秀单位：北京师范大学南山附属学校（校长陈俊辉）、蛇口小学（校长郑耀辉）、南山外国语学校（校长刘根平，现任教育局局长）、向南小学（校长李少玲）、南油小学（校长黄根东，现任教育局副局长周新森时任副校长）、前海小学（校长彭敏，现任区委教育工委书记马颖丽时任副校长）、华侨城小学（校长贾效纯）、南山实验学校（校长李先启）、育才二小（校长王升平）、留仙小学（校长张育才，现任教育局副局长陈登福时任副校长）、西丽二中（校长曾令格，现任区人大副主任）、海湾小学（校长邓晋标）。历史应该向勇于改革、勇于创新的课改功臣们表示致意。

广东省总督学、教育厅刘育民副厅长说：“课程改革确立了深圳市南山区在以后几年迅速成为广东省教育改革的火车头地位。”课程

贾非副局长（中）接待华南师范大学课程中心专家一行（2001 年）

改革也是南山区教育现代化征程的起点，成为南山区教育的一个名片，在外开会我们只要介绍是南山区的，就有人说你们的课改搞得很有名啊。

遗憾的是，南山区课程改革继续深入发展时，应该适时开展区域教育质量监测工作，这样又可以走到全国前列，其意义不亚于课程改革工作。2009年时中央已经明确提出要求开展学校教育质量监测工作，当时南山区教科中心已经有了相当好的前期工作基础，教研室积累了大量的数据和经验，做了很多相关软件。如果继续深入发展，将再一次把南山教育课程改革推向新的制高点。很可惜我们错过了一次机会。

## 二

多元化办学体制是南山教育的特色，全区有公办学校、企业办学（育才学校等）、民办学校、国有民办、国有联办、国际学校六大办学形式。按照李忠俊局长的话说，南山教育是教育的百花园。像南山区这种存有多种办学体制的区域在全国还不多，很多地方教育部门来南山学习课程改革，也来考察南山办学体制改革。

从2004年开始实施教育集团化战略，是南山教育发展的又一重大举措，是南山教育的又一个亮点。当时组建了育才教育集团、南山外国语学校、南山实验学校三所集团化学校。集团化办学管理形式主要是民办学校的一个管理体制，我们把它引入到公办学校的管理中。通过建立集团化学校，实现了教育资源的优化配置，扩大了优质学位的规模，留住了高中优质生源，带动了新建学校和薄弱学校的发展，推动了学校管理机制的变革。

当时，南山区开展多种体制办学的改革，有一定的社会背景。一是，深圳经济发展方式就是招商引资的模式，当时南山区委、区政府提出一个口号，“不求所有，但求所在”。引进优秀的教育资源，缓解优质学位不足是教育体制改革的方向。二是，这个时期中央对民办教育政策有一个大调整，《中华人民共和国民办教育促进法》将“民办教育是公办教育的重要补充”改为“民办教育和公办教育是国家教育的重要组成部分”。教育局根据中央改革精神顺势而为，适时推进了南山区办学体制改革。

南山区委、区政府对教育局提出的办学体制改革意见高度重视，专门召开区委常委会讨论南山区办学体制改革意见。区委大力支持教育局改革办学体制，并发有《工作纪要》。

南山中加学校就是时任区委书记李锋引进的学校。引进目的是缓解“高考独木桥”的问题，变独木桥为立交桥，使我们相当一部分学生可以分流到其他国外大学上学。我记得，毛晓碚副区长、李忠俊局长和我几次去北京考察北京中加学校，最后在人民大会堂签订了合作协议，加拿大时任总理克罗地安见证了签约仪式。多年来，加拿大大使麦家廉到学校考察中加文化交流情况，加拿大驻广州总领事先后五次来学校考察，此外加拿大国会议员、教育部长、加拿大大学校长等 14 人先后来到南山中加学校考察，与学校师生交流。

中央教科所南山附属学校，学校校舍是中央教科所设计，委托华侨城公司建设的。学校建设费用由区教育局出，最后听说华侨城公司还补贴了 200 万。所以那所学校的设计理念很先进，质量非常好。当时中央教科所严立钦所长多次来南山区，研究学校设计时，严老提出个概念，他说古代的学堂前面必须有一个水塘叫“泮池”，他希望在这个附属学校校园前设计一个“泮池”。但是由于校园面积比较小，后来把这个“泮池”放在了两栋楼之间。2005 年 4 月 22 日，中央文明办内刊介绍了中央教科所南山附属学校未成年人思想道德教育的经验。2006 年 9 月 13 日，中央办公厅、国务院办公厅联合调研组组长于永湛到学校调研未成年思想道德教育的经验时说：“全国所有的学校像你们这样探索，中国德育就有希望了。”

北京师范大学南山附属学校是南山区政府和北京师范大学的合作项目之一，也是北京师范大学对外合作办学项目中唯一一个上学校党委常委会研究的项目。时任北京师范大学校长（后任教育部部长）袁贵仁亲自见证了合作办学协议的签约。其后，北师大校长钟秉林和党委书记刘川生分别来学校检查指导工作。中国教育学会会长、北师大知名教授顾明远和林崇德也多次来到学校指导工作。

北大附中也是一个重要的合作办学项目，当时北大附中校长赵玉林几次来南山考察，并把北大附中副校长王铮派来任北大附中南山附属学校第一任校长。王铮同志现在回到北京任北京大学附中校长。2001 年 9 月，时任北京大学校长许智宏来深圳亲自出席北大附中南山附属学校开学典礼。

南山中英文学校由毛晓碚副区长亲自主持谈判，本想是将中国民办教育协会的牌子挂到南山中英文学校，后来因为各种原因没有做到，倒是将英国剑桥考试中心考点的牌子挂到学校。

此外，西丽职业高中和博伦职业高中合并，撤并了长源小学和麻磡小学，开始建设九年一贯制学校。建设较大规模学校，比如北师大南山附属学校就是将两个小学和两个中学用地调整在一起，保证学校有 400 米跑道，将前海二小和前海中学并到一起建成前海学校等等整合优化项目。

## 三

南山区 1991 年开始正式设立教育局督导室，为教育局内设科室，科级单位，潘伟标同志任副主任，他是第一任督导室领导。此前教育局只设两位教育督导员，温虹华同志是南山区第一位督学。后来，教育局决定由时任教育局副局长李忠俊分管南山区教育局督导室，陈炎昌任副主任（陈炎昌同志 2002 年按副处级退休），这是第二届督导室领导。1999 年李忠俊同志任教育局局长的时候为了迎接教育强区评估一直兼任督导室主任，直到 2002 年 6 月按副区长级退休。教育强区荣誉是李忠俊同志带领大家拿下来的。

2002年6月政府机构改革，教育局督导室改为南山区人民政府教育督导室，提升为正处级单位，与南山区教育局合署办公。我成为第一个正处级督导室的主任，一共干了两届，自然排序应该是第三、四届。第五届是王水发同志，第六届是洪其华同志。我还曾任职广东省第九届、第十届督学。

我任期内教育督导室人员没有太大变化，有王庭尧同志、袁光强同志、詹佩文同志、李禾田同志，后来王艾燕同志也加入督导室队伍。袁光强同志任四任专职督学，从第一届开始到第四届，南山督导许多重大决策都出自他的想法，可以说他是南山教育督导的总参谋长。

2002年督导室第一次编印了《二〇〇二年南山区教育督导绿皮书》，是全国第一份教育督导公示报告，汇总了南山区年度教育发展重大事项，公示政府监测的各种指标。编辑这个绿皮书的初衷是希望将公示作为督导的一种工作方式，让社会来监督学校发展，同时也是加强数据的统计和资料的积累。2002—2012年我们编印了11期教育督导绿皮书，保留了南山区教育发展的历史痕迹，2002年那期将2002年以前的资料也尽可能搜集编辑进来，现在想查询这11年间的重大事项和数据，都能准确查询到。教育部教育发展中心同类报告书叫绿皮书，因为里边的内容不仅仅是发展数据，还有研究报告，我们也跟着叫绿皮书。

贾非副局长（左二）与教科中心体卫艺室的同志们研究工作

南山区在提升优质学位率和学校办学水平、促进教育的均衡发展工作上特别迅速。时任教育局局长刘晓明非常重视这项工作，持续加大投入，到了2008年时，南山区公办中小学优质学位达100%；省、市一级学校数量比例位于全市首位，幼儿园优质学位达到81%。当时深圳市平均优质学位率才是60%，幼儿园平均优质学位率为35%。2009年南山区第一个通过广东省人民政府教育现代化示范区评估验收，第二个通过这个评估验收的也是深圳市的某一个区，但是评估的标准调整了，调低了。可见当时南山教育发展的实力和水平。

## 四

这里需要提一项不为多数人所知的幕后工作。南山区提高学校、幼儿园办学水平，除了增加投入以外，另外一个重大策略就是削掉“短板”，取缔非法办学、非法幼儿园、非法办培训机构和促进“低端”幼儿园转型。我经常开玩笑说：“步兵取得的胜利，不能忘了炮兵。”

贾非副局长为残疾儿童捐款

深圳市在从农村教育转变为城市教育过程中，遗留有许多非法办学和很多低端学校、幼儿园问题，成为深圳教育身上的“疥疮”。如果任由这些非法机构和低端民办学校和幼儿园存在，无论我们投入再多，也势必会拉低南山教育的整体水平 。记得当时我们去一家低端幼儿园，看到厨房就设在卫生间里，卫生条件令人堪忧，这样的幼儿园必须要停办整顿。削掉“短板”是快速提升南山教育各种指标的唯一办法。

蓝万兴同志、詹佩文同志、肖从清同志、杨君同志先后负责这项工作，下大力气打击非法办学，2002 年就封掉 4 处非法办学点、10 多所非法幼儿园，之后多年持续查封了近 10 多处非法培训点，整顿了多所低档次民办学校和 20 多所十分不规范低端幼儿园。

当时取缔这些非法学校很不容易，不是一纸公文就能做到的。这些办学老板或兴师动众地向电视台记者“爆料”制造“影响”，或到人大、纪委、政协告状。我们几人那些年收到的“黑信”是最多的，记得有一所非法学校被我们取缔后，一位老太太告了我们 6 年多，一直纠缠不休。

2002 年詹配文同志为我区争得教育部“全国幼儿教育先进区”荣誉，2009 年肖从清同志为我区争得教育部“全国社区教育示范区”荣誉。

## 五

我曾短时期分管过教育科研工作。记得 2002 年时，南山区教育局组织申报国家“十五”教育科研课题、中国教育学会课题、省“十五”教育科研课题和省教育学会课题共 36 项，占广东省基础教育系统的 50%。

现在，南山区的许多学校，都可以承担国家级的课题，承办国家级会议。南山区教育系统的教师不仅学历高，而且是研究型教师，教师队伍整体水平达到国际水准。新的教师职称评定办法中淡化科研比重，我认为这是人事改革的倒退，会使我们教师质量下降回“教书匠”层次。

## 六

我退休后担任了深圳市陶行知研究会会长，组织一些学校校长和教师开展对陶行知教育思想的研究工作，目前一共有102名会员，由深圳市教育发展基金会提供资金支持，定期在深圳特区教育杂志上发表专栏文章。

陶行知先生是近现代以来最伟大的教育家，有“古（代）有孔子，近（代）有陶行知”的说法。陶行知是我们党忠实的朋友。可是陶行知的教育思想慢慢被人们遗忘了，变成了老古董，大家都一味学习西方的教育思想，追求教育现代化和国际化。我们现在做的工作就是挖掘陶行知教育思想，保护好中国自己的教育文化，保护好中华民族的瑰宝，使其焕发生机和活力。没有民族性就没有真正意义的国际化。

除了对陶行知思想进行理论性研究，我们还配合市教育局宣传教育政策，举办名师大讲堂等活动，还想组织一些社会实践性活动，培养学生们的社会实践能力。虽然这样的活动完全是社会公益性质的，但是大家都很开心，主动参与、积极开展各种工作。

在南山区教育局领导班子中，我是在任时间最长的一位 。虽然我已经退休了，不过我毕生钟情教育事业，我愿尽我所能继续为教育事业贡献自己的力量。

# 在南山实现我的教育理想

吴声洛

吴声洛，南山区关心下一代工作委员会常务副主任，原南山区教育局副局长

## 一

我的祖籍是湖南湘乡，祖辈都是书香门第，从祖父上溯几代都经过科考入仕，宦迹遍于湖南、山西、浙江、新疆等地。

到了我父亲这一辈，他自幼在长沙长大，后来负笈求学，1943 年毕业于抗战时期的西北联大电机系。我出生在湖南长沙，从小就随父亲工作辗转各地，后来在郑州定居上学。

“文革”后我国恢复高考，1978 年我考入河南师范大学物理系，1982 年 7 月毕业后，在郑州第十一中学执教，任高中物理教师和班主任。1987 年开始，我担任郑州五十一中学的副校长、校长，当时这是一座完全中学。

20 世纪 80 年代是一个学习的时代，改革开放方兴未艾，各种新思潮汹涌激荡，当然包括各种教育思想。为了提高自身专业素养，我经常阅读《中国教育报》、《人民教育》、《上海教育》等报刊杂志，了解最新的教育新思想和新动态，并且在学校的教工大会上，为大家阅读、共

同学习这些教育思想理论。

深圳作为全国率先改革开放的经济特区，是万千年轻人的向往之地。1992年邓小平南巡在深圳发表重要讲话，在全国引起了巨大反响。深圳正迎接着祖国四面八方的热血青年，一起投入到热火朝天的建设浪潮中。我也希望到深圳这片改革沃土，去努力耕耘撒播希望，实现个人人生价值。

过了不久，我在《中国教育报》1994年3月22日的报纸上，看到一则招聘启事，就是这天的报纸，改变了我的人生轨迹。

直至现在，我依旧保存着这张从报纸上裁剪下来的小纸片，尽管已经褪色发黄，上面的字迹却依然历历可辨：为发展特区教育事业，培养造就特区新一代人才，深圳市南山区教育局竭诚招聘中小学校长，条件如下：中学校长2—3名，性别不限，年龄在35—42岁之间，大学本科以上，职称中级以上。任大中城市重点学校校长、副校长两年以上。考核为笔试、面试。

看到这则信息，我非常激动，经过慎重考虑，决定去深圳应聘校长职位。5月份，我向学校校办工厂询问是否有在广东的业务，当了解到有一笔佛山的款项还没到位，我当即南下深圳应聘，顺便去催款。

来到南山，当时应聘考核包括笔试和面试，考核范围主要是教育理论、学校管理和教育管理。笔试安排在荔香中学，面试在教育局。我顺利地完成了笔试，因为要尽快回学校安排期末和暑假工作，所以我要求第一个面试，面试后就回郑州工作了。

在7月初暑期时，郑州市委组织部、宣传部已拟对我委以重任，担任郑州电大校长，主管郑州八区六县的电大学校，是正处级干部。此前我已担任中学校长7年时间，1992年我荣获了郑州市优秀校长荣誉，是郑州最年轻的中学校长。几乎在同时我得到南山的通知，在全国各地来南山参加应聘校长的众多人员中，只录取了5名，我获得比较优异的成绩，将去深圳南山区蛇口中学主持工作。

这时，同时有两个校长职位摆在我面前，对于这样一道选择题，我却对郑州电大校长并不动心，想到可以投身到深圳教育界，这种拓荒般的举动对我来说更具挑战性和吸引力。可是我要去深圳当校长的满怀期待，却在郑州遇到了阻碍。当地教育部门不想我离开，不过此时我心意已决，经过与主管教育的副市长耐心沟通协商后，我才得以离开郑州。

## 二

1994 年 8 月，我到蛇口中学主持学校工作。

通过翻阅学校的各种资料及与学校领导班子成员、许多教师深入长谈，我对学校有了全面的了解，认为首先要团结全校师生和确立办学思想。

在细致的调研前提下，我遵照特区教育应该“高一层，先一步”的要求，确立了创办“现代化、高质量、有特色的特区窗口学校”的办学目标，提出了一个有前瞻性和可操作性的蛇口中学素质教育办学模式——“五项机制优化管理，发展个性培育人才”以及“一线四化”（爱国主义为主线，思想教育系列化、养成教育规范化、法制教育长期化、社区教育网络化）的德育育人模式，将学校纳入了现代化、科学化、规范化的良性运作轨道。

无论是确定学校发展规划，还是制定校训、校风、教风、学风、考风；无论是抓学校各项管理工作，还是抓三考（高考、中考、会考），我都力求身体力行事必躬亲，并及时指导、督促和推动其他干部共同完成。通过大家共同踏实努力工作，学校精神面貌焕然一新，“团结、文明、求实、创新”的校风基本形成。

1995 年即将迎来蛇口中学的第一届高考，高考班有 28 个学生。为保证高考考出好成绩，学校制定了详细周密的计划，我参加每月月考的分析会，与高考班老师们逐一分析每位学生的月考成绩。老师们非常认真，特别针对学生的偏科问题，想办法予以“打拐”纠正，保证综合成绩上升。每次会议还要交流高考信息和动态。

1995年蛇口中学首届高中毕业生合影（吴声洛供稿）

经过高考班师生的辛勤努力，蛇口中学参加第一届高考的28名学生，全部被各大学录取，高考入围率为100%，全国重点率为14.8%，本科率为51.9%。这震惊了当地六大村委，蛇口中学并非名校，他们本想着能考上5个大学生就不错了，学校的高考成绩使他们非常惊喜。由于学校取得了这样优秀的成绩，蛇口中学获得了深圳市教育局首届普通中学高考一等奖，还荣获了深圳市教育局首届办学效益奖。

## 三

学校确立了“全面发展，学有特长”的教学机制，以全面实施素质教育、培养优质人才为核心，对大力推进素质教育不遗余力，学校的各项文艺、体育活动等全面绽放，形成了一种奋力向上的良好氛围。

为了使更多师生参加体育运动，学校将体育运动会扩大办成大规模的体育节，要求老师、学生们积极参与，在运动会原有项目上增加许多集体项目和群体项目。根据蛇口中学学生的实际情况，学校提出了对有体育特色的学生，可重点培养他们的体育优势，同时加强文化课辅导，鼓励他们报考体育院校。

艺术可培养学生们的情商，挖掘他们主动学习的兴趣。学校每年组织艺术节，有大合唱、乐器演奏、舞蹈表演等各种节目，很多师生都踊跃参与。艺术节与体育节一样，成为校园每年的盛会。

令我记忆犹深的是，有近百名蛇中老师们组成了合唱团。大家经常舍弃休息，利用假日和课余时间，一起排练合唱两首歌曲。一首是李为公副校长和萧佳睿老师领唱的长征组歌之一《四渡赤水》，另一首是我领唱的贝多芬第九交响曲之一《欢乐颂》。

蛇中教师合唱团获得了骄人的成绩，在南山文体中心、蛇口风华大剧院、华侨城艺术中心等地，都进行了成功的表演。在南山区工会组织的合唱团比赛中，蛇中教师合唱团代表南山教育局参赛，力拔头筹，获得了区委领导和社会各界的广泛赞誉，成为一时佳话，成为很多老师心

吴声洛副局长（中）和南山教育艺术团的老师商量工作

中难忘的记忆。

蛇口中学大力推进电脑教学，学生在全国、市、区的各级电脑比赛中多次获奖，成为深圳市电脑教学的领跑者。还有英语实验、心理健康课、手工劳动课、美术、形体课等，都是蛇口中学发展素质教育的亮点，促成学校向全方位、更深层次的教育方向发展。深圳市召开素质教育现场会，蛇口中学成为实地考察的重要一站。学校介绍了蛇中发展素质教育的经验，与会代表现场考察了学校素质教育的成果，获得了与会代表的认同。

学校创新组建了蛇口中学青年党校，对品学兼优的高中学生，吸纳他们加入党校，从政治上培养他们的能力素质，为他们日后成为栋梁之才，提前做好政治思想上的引导工作。

针对特区的实际情况，爱国主义是学校德育工作的主线。学校规范了升旗仪式，特地修建了升旗台。在升旗仪式上，全体老师和学生们都举起右臂，齐声宣誓“忠于祖国，为祖国服务”。这样的庄严仪式，将爱国意识渗透到学生们的心底。后来的蛇中领导转告我，蛇口中学迎接“省一级学校”评估时，当评委们看到学生们整齐嘹亮的宣誓时，对此给予了高度评价。

在蛇中全体师生的共同努力下，学校生机勃勃蒸蒸日上，建立了优秀的办学模式并日臻圆满，素质教育风生水起，中考、高考双获丰收，体育节、艺术节等各项活动百花齐放，形成团结齐心的凝聚力、向心力，获得了南山区委区政府、南山区教育局和广大市民的赞同和支持，也得到了南山区教育界同仁的认可。

## 四

1998年寒假时，南山区教育局领导通知我："经过组织上研究，决定调你去南山外国语学校担任校长。"这一切来的太突然了，我完全没有任何心理准备。当时蛇口中学蓬勃向上，我誓要带领学校迈上新台阶，当时实在不愿离开蛇口中学。在那个激情澎拜的年代，很多人都希望在大有可为之地，能够做出一番成就，我当然也不例外。

后来，时任南山区教育局党委书记赵祝武又找我谈话，表示南山外国语学校急需校长，上级决定派我去担任这一重要职务。我接受组织的调令，于1998年5月到南山外国语学校任校长。

南山外国语学校是南山区政府创办的中小学一体制学校，当时学校采用"一校两制"，即以外语实验为主要特色的南山外国语学校（在南山范围内部分择优招生，为中小学一体制，学制为"5—3—3"制）和以完成义务教育为主的科苑中学，两所学校共用校园，由一位校长担任总校长。

我来到学校后，在背负压力的背景下，梳理了学校的一些办学思路。当时学校小学办学方面已初见成效，尤其是英语教学、中文的儿童早期识字阅读以及学生日间接送、住读管理等。在教材、学制、办学模式的改革上也做出了有益的探索。

当时存在的问题是学校管理机制上，两所学校的管理不太和谐以及教材改革需要进一步完善的问题。经过与许多教师深入交谈和认真思考，我认为要打造全校一盘棋的新格局。在确定这样的方向后，我立马进行改革，要求干部们不论是管教学、德育还是后勤，要同时参与处理两个学校的工作，要做到整体考虑、共同研究、全面推动。

我主持召开了南外历史上首届全体教职工代表会议，大家就学校的民主管理、发展规划、管理措施和一些规章制度等进行了充分细致的讨论研究，重塑了建立优质外语学校的办学信心和方向。

## 五

南山外国语学校是深圳市各区中的第一所外语学校，南山区希望以外语为突破，建立一所高质量的改革实验型学校，在学制、教材、课程、教法上大胆改革实验。当时学校借鉴了上海实验学校的教材，在语文、数学和英语学科上进行了改革，取得了初步的成绩。

随着全国及我市教育改革的继续深入，我校的改革也需要与时俱进。学校及时召开了学制与教材改革研讨会，邀请省、市、区的教学教研专家和领导莅临指导，学校所有教研组组长以上干部全程参与，听取专家们的发言。我首先详细介绍了学校的发展历史及现状，专家们就教材、学制、国内外教育教学的改革方向做了深入研讨，学校老师们认真领会专家们的发言并深受启发，对我们开展后续工作大有裨益。学校在此基础上，对语文、数学和英语的教材、教法、科研课题等做了深入探讨，引入了新的英语教材，数学改用全国统编教材，并在教学方面做了调整。

作为外语学校，要在英语教学方法、教学成果、优秀教师、尖子学生培养等方面有突破性成绩。为突出学校的英语教学特色，在我主持下，学校在学期计划中制定了举办首届英语文化周的工作计划。在特定时间内，以英语为核心开展各种教学活动，让学生学习和了解外国历史和文化，用英语表演小品、演唱歌曲、讲故事、猜谜语等。英语文化周在我的继任者刘根平校长的领导下，举办得非常成功。后来学校连续每年举办这项活动，促进了学校的英语教学，强化了学校的英语特色。

学校对原本开展的“计算机辅助儿童早期识字、提前阅读”和“英语电影配音”两个教学实验课题，继续推动深化与提高，很多小学生早期就可以大量阅读课文和著作，既培养他们学习中文和英语的兴趣爱好，提高他们阅读和说话的能力，也能提高教师教学研究的能力。后来学校英语电影配音《狮子王》在人民大会堂获奖。

在南山外国语学校（现文华部）入口处的石头上，有我书写的“博学笃行”四字，这句话凸显了学校的教育理念。博学是基础教育要全面发展，笃行是要知行合一，学用结合。当时学校确定的办学原则是“德育为首，教学为主，育人为本，全面发展，学有所长”。在大胆改革、勇于探索的基础上，突出学校原有的教学特色，“英汉双语并重，德智体美融合”。

体育是素质教育中的重要内容。为推动学校的体育工作，1998 年 10 月学校举办了首届体育节，将传统的主要以体育特长生参加的运动会扩大成全体师生参与的体育节。增加各班入场式、广播操比赛、中小学体育达标课目等。在体育组和全体老师的共同努力下，体育节举办的非常成功。学校至今已连续举办了十几届体育节。

学校少儿合唱团荣获深圳市第五届青少年合唱比赛一等奖。当时的小学生少儿乐队现在已发展成为学校交响乐团，在深圳市颇有影响力，彰显了南外师生的风采。我认为，作为外语学校更要强化爱国主义教育。学校修建了新的升旗台，规范了每周的升国旗宣誓仪式，一些外籍教师都给予赞扬，使之成为学校一道靓丽的风景。

同时，学校还坚持“走出去，请进来”的办学方针，邀请国内外知名教育专家、学者来校指导工作，与一些名校开展交流互访活动，举办教学家长“开放日”等等，立足本校走向社会，感受着现代教育的八面来风。

另外，学校对中层行政班子和教研组长进行了调整，使优秀的教师走上领导岗位，并从全国各地招聘、调入优秀人才充实教师队伍。经过这些改革创新，全校教职工齐心协力，全身心地投入到各项管理、教学活动中，逐步形成了有特色的南外风格，学校整体面貌再上台阶，呈现出欣欣向荣的新气象。

因为要去美国访问留学，我依依不舍地离开南外，把校长的接力棒交给了刘根平校长，在“追求卓越”思想的指引下，在原有基础上，经过刘根平校长、王水发校长、郑秉捷校长和崔学鸿校长的领导和全体南外人的不断努力，南山外语学校现在已成为一所集团化、高质量、示范性学校，深受广大深圳市民的喜爱和赞誉。

## 六

1998年8月，我担任了南山区教育局副局长（兼任南山外语学校校长、书记），分管局办公室、德育、职业教育、成人教育、共青团、南山少儿艺术团等工作。后来经过调整，我不再分管局办公室工作。

德育是南山教育六大特色之首，是教育局的重要工作。德育原在赵祝武书记的领导下，取得了显著的成就。全面推进教育现代化，实施素质教育，德育是核心。

当时，德育工作的思路是：第一要与时俱进，高扬德育特色的旗帜。要认识到知识经济时代是信息化、终身学习、人才素质优化、全球经济一体化的时代，要把握住时代发展的脉搏，为社会精神文明发展做出贡献。

第二要重视德育策划，构建“大德育”的现代化模式。确立德育一体化管理理念，在自觉、科学的层面上构筑南山学校德育新体系；立足新型现代化大都市的社会背景，建设“博大精深”的校园德育系统；立足“大文化”的角度来解读校园德育深刻的人文内涵，将学校德育纳入“地球村”背景下去深刻思考，注重中国中小学德育的承继性、科学性和人文性内涵；注重学生创新与实践能力的培养。

第三要突出工作重点，推进新世纪工程。新世纪学校要推进“德育规范化”、“德育现代化”、“德育一体化”、“德育科学化”四大工程，实施德育内容与形式的全方位变革。南山教育局在向南小学举行工作会议，明确将各学校聘请法制副校长规范化，在全区范围内推广普及。

经过几年的推进，在所有德育工作者的共同努力下，南山德育工作百花齐放，建立了很多符合各学校实际的德育指导思想和实施模式，使南山德育工作焕发出新的风采。

南山区是深圳市的教育、科技和旅游中心。随着中国教育结构的调整和特区经济、社会的飞速发展，职业教育也成为经济和社会发展的重要需求。南山职业教育起源于1983年，经历了先在普通中学开设职高班到成立专门职业学校、职业中专、大专的发展历程。为了适应特区经济发展的需求，相继开设了珠宝商贸与工艺、美术设计、旅游服务与酒店管理、室内装修工程与设计、文秘与财会、财经与电算会计、电子电气、公关与艺术幼师、物理管理等专业，具备了一定的规模和特色，取得了巨大成就。

为了适应新经济时代的发展需要，局领导认识到，要抓住机遇开拓创新，构建一个以中等职业教育为主体，职业教育与成人教育、学历教育与培训教育为一体，政府办学与培训教育为一体，政府办学与社会办学相结合，职业教育与普通教育相沟通，中等职业教育与高等职业教育相衔接的多层次、多元化的职业教育体系，努力开创南山职业教育现代化的新路子。

**吴声洛副局长（右三）参观省职业教育展览**

博伦职校由李硕校长于1993年创建，珠宝玉石鉴定是该校热门专业，该校建立了实践基地，引入高端珠宝机器设备，培养学生们的动手操作能力。学校为深圳的珠宝玉石市场输送了很多优秀毕业生，产生了良好的社会效应。为了创立深圳市职业教育知名学校、扩大办学规模、打造有特色内涵的职校品牌，2000 年西丽职业学校合并入博伦职校，将珠宝玉石鉴定专业和电工电气专业打造成该校高端品牌，引领南山职业教育的现代化改革创新。

成人教育是传统学校教育向终生教育发展的一种新型教育制度。深圳作为改革开放的前沿城市，涌入了大量内陆地区的务工人群，其中很多人的学历和专业素养不高，他们渴望再次重新学习。南山区的成人教育是从 1984 年创办成人中专开始的，1986 年又开办了南头成人中专。经过十几年的发展，南山成人教育取得了显著成就，为特区建设输送了大量人才。每年都有大量人员报考自学考试，其中大部分取得了毕业证书。

为了推动南山成人教育进一步发展，当时南山教育局依法管理成人教育，确保教学质量再上新台阶，编写有特色、高质量的成人教育教材，培养复合型、创新性人才；加强成人教育队伍的建设；构建成人教育与职业教育一体化推进模式，创新成人教育社区化，实现终生教育体系。

南山少儿艺术团是以海滨小学的有音乐、舞蹈特长的学生为骨干，聘请来自湖南的孙福媛老师为艺术总监，希望将其打造成南山教育的明星。1999 年我作为团长率艺术团赴香港参加庆祝中华人民共和国成立五十周年中港儿童艺术表演活动。南山少儿艺术团孩子们充满灵动的歌舞表演，惊艳了香港民众，在港人中引起了轰动。

于我是副局长兼任南山外国语学校校长，既要参加局、校两边的会议，又要参与两边的管理，经常辗转奔波于局、校之间。尤其是我将于 2000 年初，赴美国进行长达一年的学习。在这种情况下，我觉得如此长久下去，两边工作都难以兼顾，在我多次请求下，在 1999 年 10 月我辞去了南外校长的职务。

在任副局长期间，我参加了深圳市委组织部举行的“十年人才培养

吴声洛副局长和参加港深童星迎国庆演出的学生合影

战略”工程。这项工作每年在全市挑选部分副处级以上干部，经过英语、计算机的严格考试培训后，去英美澳等国进行为期一年的学习考察。在出国之前，我还去中国科技大学参加了3个月的英语、计算机强化训练。

2001年元月，我们一行6人作为访问学者赴美国纽约求学。在近一年时间里，我走访了纽约市的许多中小学、幼儿园，并在纽约城市大学学习教育监管、社会学等学科课程。我对美国的学前教育、12年义务教育、大众化的高等教育以及职业教育做了全景式扫描观察，深入了解美国教育的理念、特色、动态等，并对中美两国教育做了认真的比较研究。

这一趟美国教育之旅，是一次重大的收获。我回国后，写了一份对美国教育的5万字的专题研究报告上交市委组织部。在报告中，我借鉴了美国教育的特色并结合深圳实情，提到要站在全球视野来思考教育，要超前规划，适度发展深圳市高等教育；高水平建设，全面推进深圳市教育信息化；深入改革，加快现代基础教育制度建设；进行办学体制改革，扶持社会力量办学；建立我市现代化的自然科学博物馆。我在报告中的建议，现在大都先后变成了现实。

## 七

南山的教育成绩，是南山区全体教育工作者的集体荣誉，凝聚着全体教师和社会各界的智慧和心血。我作为其中一分子，很幸运为南山教育的发展出谋划策、践行落实，并付出绵薄之力。

从曾建中局长艰苦创业打下基础，到刘焯铿局长规划宏远蓝图，到赵祝武书记、刘迅局长整体推动区域教育现代化，再到我们后来南山教育几任领导者和教育人的不懈追求，南山教育的发展道路是一条长达二三十年励精图治奋发图强的道路。通过大规模引进优秀人才，重视教育教学科研，升级软硬件设备，重视教育集团化、均衡化发展，不断夯基垒石探索求新，终于迎来了南山教育的崛起领先。2002 年 1 月，广东省教育强区评估团来南山督导评估，评估团对南山教育取得的成就评价很高，当年南山区以优异成绩被评为广东省第一个教育强区。这不仅极大地鼓舞了南山教育人的士气，也对全省教育战线的工作者起到了示范、榜样的作用。

南山区在深圳市是最早开始教育现代化、信息化建设的，我们从美国规划建设“信息化高速公路”得到启发，认为未来教育的发展趋势和应用手段应该是发展基于信息化建设的现代化教育。1998 年，南山区被省教育厅评为广东省教育现代化、信息化实验区。在原“电化教育”基础上，我区全面铺开建设校园网并跟教育局互联，搭建教育信息资料库和中小学教育资源库实现共享，南山区成为全省的教育现代化、信息化的排头兵。

南山区之所以走在深圳市教育的前列，在于不断改革创新、得风气之先。我区改变了政府单一办学的一元化办学模式，发展了多种新办学模式，如国有民办、私立办学、中外联办等，增强了南山教育的活力和动力，调动了各方面的教育资源，更好地服务南山区的学子们。同时，我们率先大胆打破原有课程体制，推动课程改革实验，并开设多种校本课程，激发学校自身的创造性。南山区在 2000 年成为广东省课程改革实验区，在 2001 年成为国家级课程改革实验区。通过课程改革实验，激发了老师们教书育人的探索精神，提高了学生们的整体素质，高考中的上线率、重点率、本科率等，在深圳市多年排在第一名，这说明南山区在课程改革方面，取得了成绩。

在南山教育的工作经历，让我想起古人云“守正出奇”。南山教育人在尊重教育规律的前提下，能跳出惯性思维，采用不断改革的方式来推动教育事业发展。南山教育借助深圳改革的大环境一直推陈出新，自行施加压力实现跨越式发展。南山教育充分发挥了后发优势，成为超越者、成为在全国有影响的教育强区。

## 八

深圳作为一座新兴城市，有着浓厚的移民文化，海纳百川容纳差异，大家既可以说各自家乡的方言，也说着“普通话”，为了共同的梦想而奋斗打拼，这种有着强烈感染力的“移民文化”，在我国别的地方很难复制，也因此更具魅力。

从怀揣梦想来到南山，到领导蛇口中学、南山外国语学校，再到参与教育局的领导工作，这一路来的经历让我有了很多温馨感动的回忆，让我经常追忆怀念。

在蛇口中学工作时，我和老师们促膝交心秉烛夜谈，朝夕相处志同道合，因而结下了深厚的友谊。当学校老师们得知我将要离去，纷纷来给我送行。如今我还珍藏着一个小本子，上面写满了各位老师们诚挚动情的分别留言。这一份份饱含浓情厚谊的祝福，是我毕生难忘的珍贵回忆。

在南山外国语学校工作时，学校刚刚创办两年，中青年老师居多，使我印象深刻的是，老师们有着极大的工作热情，积极努力，奋发向上。为了使来自四面八方的教职工尽快融合，学校组织了很多文体旅游活动，让同事们在畅玩放松的同时彼此熟悉、畅所欲言，大家结下了难忘的友谊。

现在，蛇口中学和小学组成了蛇口学校，有近 70 个教学班的规模，是深圳市单一校园规模最大的学校；南山外语学校已是深圳市集团化办学的名校。我当年在学校共事的老师们，许多都成为各学校的领导和骨干教师，这也使我颇感欣慰。

南山教育局在历任局班子的领导下，都是一个团结向上的集体。他们清正廉洁，严于律己，这也影响了南山区的校长和教师们。《史记》中说“桃李不言，下自成蹊”，南山教育之所以长期雄踞深圳市各区榜首，很大原因是教育局领导以身示范做好表率，使校长老师们都专心教育，使得各学校形成了你追我赶的良好局面。

我很感恩来到深圳这个充满激情的城市，在南山这片教育沃土上，与一群同心同德者齐心携手为南山的教育事业奋斗打拼，共同创造了一个辉煌的时代。这是一段永远难忘的“教育情缘”，这是一段终生铭记的“黄金岁月”。

# 结缘南山教育

刘晓明

刘晓明，原南山区教育局局长

## 一

1990年7月，我从湖南师范大学的历史研究生班学习毕业，第二次留校工作，在湖南师范大学出版社，岗位是编辑，实际工作是借调到湖南省教育厅高教处，管理高校出版社的出版选题，同时，兼做编辑，算是有一段编辑和出版的经历。

好朋友李建求那时已经来到深圳，在育才中学做教研。建求是华中师大教育专业研究生，毕业后分配到湖南师大教育系。我们都是青年教师，快乐的单身汉，又住在同一栋教工宿舍同一层楼，可以说朝夕相处，无话不谈，过着清贫、快乐而充满书卷味的生活。他的夫人林雪萍是个富有闯荡精神的女性，上世纪80年代就到蛇口打工，是她把建求从湖南师大硬拽到了深圳。建求到蛇口后念念不忘老朋友，动员我到深圳工作。虽然当时兴起了一股“深圳热”，很多人都从全国各地往深圳跑，但我还是偏于保守。觉得自己有一个大学老师的职位，又在省教育厅上班，年轻还有学历，对自己的未来是抱有希望的。假设一下，如果我不来深圳，在湖南脚踏实地的工作，混个教授、系主任什么的，估计有这样的可能。但建求兄出于对我的了解，三番五次地鼓动，他的口气似乎不容讨价还价，还亲自帮我找单位。他拿着我的简历找陶广放，广放兄当时负责人事科，在全国招揽人才。看了我的情况，当然主要是建求的推荐，他比较满意，就要我去参加考试。1991 年暑假，我抱着试试看的心态，偷偷摸摸来参加考试。记得面试考官是南头中学的余容练老师和李卫老师，考的是试教和一套高考历史试题。考完后不知道结果就回去了。不久收到通知说我通过了考核，9 月份可以上班了。面对这种情况，我已经骑虎难下，没有了退路，犹豫之门业已关闭，促使我下定决心，奔向那个陌生的南方。

1991 年 9 月 10 日，那天是教师节，我提着跟随我 10 多年的红色木箱，来到南山区教育局。说起那只木箱，有一段值得记忆的岁月。我出生在湖南华容县一个叫蔡兴的农村，初中毕业就回家乡放牛，因为那个年代升高中要政治条件好。由于我祖父是国民党军官，解放后被清查，成了历史反革命，家庭成分也不好，所以不能升入高中，尽管我读初中时成绩很好，表现很优秀。在农村我做了 8 年农民，各种各样的农活被我做遍，几乎没有不会干的。我在自己房屋（土砖茅草）的周围栽了很多树，因为洞庭湖地区土地肥沃，树苗几年就成林。其中有一棵泡桐树长得特别快，当它长到水桶粗的时候，砍伐它做了那只木箱。箱子不大，相当于两个公文提箱大小，做工很精致，涂上深红色红枣漆，非常漂亮。它跟随我读大学，读研究生，仿佛是我的一个伙伴。当年到深圳闯荡的时候，只身一人，红色木箱是我唯一的伴侣。到教育局报到的时候，已经是下午 4 点钟左右，广放兄带我到办公室，杨锦杰主任安排我住园丁楼，何力举帮我安顿下来。就这样，我怀着忐忑不安的心情，开始了南方的人生之旅。

## 二

我调入南山区教育局时，是做历史教研员。与我同时调进的还有江宁德、周筱强、刘宇明、方锡鹏等。从此我与南山教育的情缘便开启了。

那时的深圳，在内地人看来，是改革开放的热土，是人间天堂。人们对深圳充满了憧憬和向往，“深圳热”在那个时候应该属于第二波了。可是当我真正落脚南山后，才发现事实并非如此，眼下的南山到处都是荒山野岭，尘土飞扬，既没有多少高楼大厦，也没有宽阔的林荫大道，几乎看不到城市的痕迹。比较成型的街道只有南新路，深圳大学基本建成，华侨城还在规划图纸，前海与后海仍在潮水中酣睡。蛇口工业区是最兴旺的地方，到处是工厂，打工仔成群结队。教育局就在一片荔枝林旁边的一栋三层农民房里。那时南山真是“郊区”，是农村，去罗湖、福田称为“去市里”或“进城”，而南山是一片未曾开发的处女地。南山教育的梦就在这块荒芜的土地上起筑。

农民出生的我天生乐观。尽管在南山生活、工作条件比较艰苦，但我们内心充满着涌动，满怀着希望，内地人到新地方的好奇心始终未改，眼之所见耳之所闻都是那么新奇，有着与过去完全不一样的新鲜体验。

当时我住在园丁楼，只有一间房间，约 14 平方米。开始是在南头小学食堂里吃饭，广东人清汤寡水的饮食，我们完全难以下咽，每次吃饭都要把一瓶辣椒酱放在面前，让那些不嗜辣的广东人觉得很惊奇。

言语不通是外来人的第一道门槛。教育局的干部里面，广东人居多，他们讲不同的三种方言，即白话、客家话和潮汕话。其实我们只是听不懂，后来才知道广东方言有这么大的差异。关于方言，还闹出了很多笑话。比如跟广东朋友去喝早茶，我们以为就是喝茶，没想到就是吃早餐，还要聊天谈生意。坐公交车要下车时，用长沙话是“踩一脚”，广东话则是“要落”，好长一段时间才明白是啥意思。先期来到南山的广东人对我们后来者非常热情，给予了很多帮助和指引。我记得温督、潘督、陈科、荣科、谢主席、张显昌等老同志，对我们新来的都非常热情，应该是我们初到深圳的入门老师。年轻的有麦润清、蓝万兴、王方复、邱梦凯、杨影梅等，经常一字一句地教我们说广东话，温督还为我们办过白话培训班。只可惜我们学习不认真，直到今天我们仍然没有过好这一关。

我初到南方的第一感受是，这里洋溢着一种活力和创新，它的开放和热情让我们心存感激，怀抱梦想。

局长刘焯铿给我的印象是魅力四射，胆识超人。他年轻有为，英俊潇洒，有思想又不乏魄力，有气度又不失稳健，视野开阔，做事果敢，富有开拓精神。从他身上我们看到了南山教育的未来和希望。他的观念和做法对后来几任局长都产生了深远影响。后来，我方得知他从深圳大学过来，难怪有那么浓郁的学院风格。说起学院风格，他特别重视教研队伍的建设，当时的教研室，除了黄永宁、谭炳林、罗宾权、卢福波等人，其他教研员全是从全国各地挖过来的，如李陶、孙福爱、徐涌芳、陆明凯、张庆祥、周筱强、王振生、刘宇明、禹明、罗楚春、戴高挑等。不久，张效民也来了，他是先启校长介绍来的。记得还有从山东来的语文教研员老方，从北京来的数学教研员老郭等。在编制非常紧张的情况下，所有学科都配齐，今天看起来仍然是大手笔。

爱才惜才是刘焯铿最大的特点，也是他把南山教育带上现代化轨道的关键要素。是他开了南山教育大规模引进人才的先河，被他看中的人才，他会不惜代价，不问出处，千方百计加以重用，甚至会因人设岗，充分发挥人才的作用。听说一次他从湖北引进了 8 位校长和高级教师，有人笑问“你是在搞湖北帮吧”，刘焯铿说，“我可是广东人”。

焯铿局长敢于打破陈规旧俗，破除了很多保守、狭隘、自我中心等观念，解放了人们的思想。他大胆进行教育教学改革，创办了英语中心、计算机中心、艺术中心、语言中心等，全面推动各个部门的改革创新。焯铿局长善于团结班子成员，共同开展工作，赵祝武书记、曾建中局长、李忠俊局长、田柳青局长等，都成为他改革创新的忠实伙伴。这几位当时都是我们的领导，后来也是我们工作的坚强后盾。

焯铿局长正气凛然，廉洁奉公，不搞个人帮派，不感情用事，为南山教育界树立了很好的榜样，营造了良好的工作氛围。我从调入教育局以来，没有请焯铿局长吃过饭，没有送过一盒茶，连他的家里都没去过。他的工作作风和为官做人准则，对我有着深刻的影响。

焯铿局长是一位充满激情，富有远大理想的领导。他期待南山教育能够强势崛起，对南山教育的未来进行过跨越性描述和想象。他的很多想法被写进了《南山教育工程》。《南山教育工程》由当时的三大“笔杆子”完成，办公室主任杨锦杰负责写南山教育的现状，教科所所长刘迅编制南山教育的发展目标，我完成了南山教育的对策和建议部分。现在看来，这个工程是焯铿局长的一个伟大构想。它提出，“到2000年左右，南山教育达到全国先进教育区县行列”。说实话，作为执笔人之一，我的内心深处，是有保留想法的。当时南山教育的现状和基础路人皆知，要达到全国先进教育区县行列，轻点说是不自量力，重点说是天方夜谈。我当时来南山不久，哪敢说泄气话，只能放开胆子写。可是，他的理想真的成为了现实，我不得不佩服焯铿局长的韬略和胆识。这次“笔杆子”之后，焯铿局长对我是信任有加，后来他和我联名写过《隐形教育投资理论》的文章，连续三次在《光明日报》头版头条发表。

当时，南山区的历史学科成绩排在深圳市的后面，是因为没人抓，历史老师各自为政，互不往来。作为专职教研员，我必须把历史教学搞上去。但是，我过去没教过中学历史，也没有啥经验，可没经验又不能作为理由，只有开动脑筋，想出好办法。我反复思考后，决定成立南山区历史教学研究学会。经过一段时间的走访、调研，摸清了全区历史老师的基本情况。当时，蛇口工业区、南油工业区、华侨城是区内三大集团，他们的子弟学校还是企业办学，政府只是宏观指导，基本上管不了。但企业学校起步早，体制活，老师都从全国各地挖来，聚集了一批优秀老师。我想，仅仅靠区属几所学校——南头中学、蛇口中学、荔香中学、西丽中学的力量，是很难搞好的。应该突破传统思维，树立大南山的观念，形成整体优势。主意拿定后，我动员企业学校的历史老师全部参加历史教学研究会，得到了他们的积极响应和大力支持。经过一段时间的筹备，正式成立南山历史教学研究会，我任会长，育才中学的吴楚章、华侨城中学的孙曙光、南油中学的连建平、南头中学的余容炼等任副会长。一批历史骨干教师，如吴萌、肖俊敏、王忠雄、高参珍、郭爱伟、李维静、詹小荣、李卫、王令浩、王忠禹、崔玉艳等，都成为学会的中坚力量。学会凝聚的这支队伍，很快制订了全区性的教研计划和工作机制，每周都举行研究活动，公开课、研究课、教学沙龙等全面开展，形成了良好的学术氛围。依靠集体的智慧，南山的历史教学开创了一个新的局面。两年后南山区历史学科中考成绩位列深圳第一。

焯铿局长非常重视教育科研，他联合重庆市教科所，共同承担国家级科研课题。龚奇柱老师是重庆市教科所的副所长，历史特级教师，担任西南版《中学历史》的主编，是全国中学历史教育的专家。他当时承担了教育部“中小学历史与国情教育”的课题。南山区在赵祝武书记的带领下，承担《经济特区中小学历史与国情教育》的子课题，我做祝武书记的助手，担任副组长。这项课题持续进行了 3 年。我把课题进行分解，让各个学校开展实验研究，一大批历史老师和德育主任都被吸收进来，根据深圳特区的实际，开展了一系列创新性的研究与实验，效果很好。记得我曾经带领十几位骨干研究人员到重庆考察学习，第一次游走长江三峡，同行的有周新森、兰万兴、黄景光、吕军等人。他们现在都已成为局领导或校长。《经济特区中小学历史与国情教育》课题结题时，获得了广东省教育促进会的科研成果一等奖。在这项研究中，赵书记和我主编了《特区中小学历史与国情教育》等地方教材 5 种，我个人出版了《人生的阿拉丁神灯》这本专著，获得深圳市优秀科普著作奖。

在南山教育局工作的第一阶段，共 6 年时间。除一直负责历史教学以外，还兼任过多种职务——教研室副主任、办公室副主任、教科所所长。那是一段美好而充实的时光，没有太多休息时间，也没有什么娱乐活动，行政事务和业务研究齐头并进，宏观课题与微观教学相得益彰，我在繁忙的工作中得到了成长。

刘迅是我的好朋友，他从东北师范大学调来，从事基础教育工作，与我的情况有些相同。我们经常一起研究问题，讨论工作，畅谈人生，相处甚欢。焯铿局长升任市教育局副局长后，刘迅同志接任局长。他对我比较信任，先后让我管办公室、教科所，还兼做教研员，忙得一塌糊涂。他对张效民的才能也很欣赏，就让效民和我搭档，我仍挂着所长名，效民做副所长。那段时间，教科所的工作很有起色，又是课题研究又是出版书籍，效民的作用发挥出来。我对待刘迅同志，既是领导也是朋友，既服从也谈论看法，彼此信任。他的大度和大气我非常敬重，他对我的个人成长也很关心。可惜他走得太早，我们失去了一位有能力、有学识、有情谊的好兄长、好朋友。

1996年9月，承蒙刘迅同志推荐，我进入区委区政府两办工作，先后担任了区委办公室主任助理和副主任。

在两办，一干又是6年。先后服务了虞德海、梁道行、李锋三任区委书记，经历了许许多多官场游戏和人间沧桑。我的角色在这里发生了重大转变，从一个做教育研究的专业人员变成了公务员。

这里的工作，使我的见识更多，视野更广。按照分工，我主要是负责区委区政府的文字工作，各种各样的会议纪要、大会讲话、工作报告、请示、调查报告、工作方案等等，都要我组织队伍提出思路，起草提纲，调查研究，撰写初稿，修改完善，上会讨论，综合定稿，经过许多加工程序，才能得出一份像样的材料。做好这份差事，需要学习很多过去不熟悉、不了解的知识，要学习研究上至中央、省、市的政策、法规和工作要求，下至街道办、社区、政府各部门的情况。既要研究宏观的政治、经济、文化、社会服务等方面的大政方针，又要了解基层微观的具体实情和矛盾。对我来说，这里是一所大学，是一个熔炉，对人的锻炼是综合性的，也是跨行业、跨领域、跨部门的。我庆幸自己有这样的机会，在灯火阑珊的苦海中成熟成长。

## 三

2002年初，区委区政府大规模调整部门干部，我干了6年脏活累活，心里猜测，该转岗了。有一天，我去李锋书记办公室，谈到干部调整问题，他问我有什么想法，其实我早有打算，就开诚布公地谈了自己的思考。我说，我从教育系统出来，有大学、中学和教育局工作的经历，而且对教育有深厚的情结，希望回教育系统工作。我相信，经过区委区政府两办的锻炼，我会努力工作，不辜负区委的重托。李锋书记很了解我，也很信任，这事基本就定案了。其实，我可以去的地方很多，由于有两办的工作阅历，到其他部门当一把手的机会是有的，而且有不少朋友帮我出谋划策，但我执着地选择了教育局。

2002年5月，我接替退休的李忠俊局长，走上南山区教育局局长、党委书记岗位。忠俊局长是一位业务精通、为人低调、办事稳健的老局长。他在任时，启动了南山教育信息大厦的建设工程，起初好像是2000万立项。这个工程对南山教育的发展具有重大意义。我到任后，感到工程挺大，有人跟我开玩笑说，这可能是忠俊局长的“钓鱼”工程。这个工程不仅规模大，也需要专业人员管理。我找审计局的黄吉伦局长支持干部，他爽快地把孙斌同志推荐给了我。后来，南山教育信息大厦经过两次追加投资，当然有李锋书记和罗敏副区长等领导的鼎力支持，最后总投资达到8000万元。南山教育信息大厦建成后，戴高桃请著名艺术家徐悲鸿的关门弟子刘勃舒先生为大厦书写提名，这是一件值得保护的珍品。不久，局里搞了一次笔会，邀请了一批书画大师现场创作，许多作品现在仍然留在大厦。其中，由中国国家画院画家张复兴先生现场创作的超大国画《水出林莽》，为12尺，创作时间足有一个星期，悬挂在三楼会议大厅的后背面墙上。这些都是南山教育的历史见证。

处级干部调整中有两件事记忆犹新。田柳青同志当时是教育局副书记，我回教育局，他要调出去，区委已内定他去审计局任局长，属于提拔重用。区委宣布干部调整的前两天，他打电话给我，即我两办的办公室，真情地说，刘主任，你怎么不要我了？我们是多年的好朋友，我留在教育局，会全力支持你的工作。还补充强调，他在教育局已经十几年，喜欢这个职业和岗位。可见，他对南山教育的一片赤诚之心。吴声洛是 1999 年全国招考来的，先后在蛇口中学、南外做校长，刘迅时代升任教育局副局长。他的资历和能力再当副手就太屈才了，所以李锋同志提拔他去了体育局任局长。南山体育局是从区委宣传部分出来的，因此声洛同志是南山区第一任体育局长。有人说教育局出人才，一次就出了两个部门一把手。

开始的班子搭配，除了我，还有陶广放、贾非、张效民和陈如平，我们合作干了大约一年左右，非常默契。后来广放升任宣传部副部长，如平回北京。空出两位副局长岗位，罗敏和我商量在全区范围内公开招考，得到区委的认可。我动员曾令格同志参加考试，同时，告知在美国学习的刘根平，他们俩凭借自己的实力走上了副局长的位置。刘根平兼着南外校长的职务。

佛教说人生有轮回，我回到离开了 6 年的教育局，是否是一种轮回？在李忠俊局长主政时，南山区已经评上广东省的第一个教育强区，刘焯铿局长开启的“南山教育工程”初步实现了，这项伟大事业是十年磨成的一剑。它蕴藏着许多南山教育人的心血和汗水，教育强区的社会影响是深远的，意义是里程碑式的。

面对这样的成就和荣誉，我感到既光荣又责任重大。南山区成为教育强区后，如何寻求新的突破，如何厘定新的目标，始终是我追寻和思考的问题。

我组织了一批人员，走访了很多学校校长和老师，经过 3 个月的调研，进行过多次头脑风暴，可以说是集中了大家的智慧，对南山教育的未来发展进行系统思考，开始浮现出一个新的南山教育梦想。

2002 年 8 月，在盐田的小梅沙，举行了我就任局长以来第一次规模较大的校、园长培训班，时间长达 5 天，全区公、民办学校校长、园长和机关干部近 300 人参加。会上我做工作报告，向全区教育工作者提出了一个重要命题——南山评上教育强区后怎么办？

俗话说“新官上任三把火”，也许这就是我点燃的第一把火吧。这次培训班开了聚集校园长们共商南山教育大计的先河。校园长们个个精神焕发，思路洞开，全神贯注地参加讨论，大家平等相待，畅所欲言，争先恐后地提出自己的建议和意见。会上我提出了“抢占三个制高点”的战略目标，成为引领南山教育未来发展的纲领。

三个制高点分别是，抢占课程改革的制高点，抢占教育信息化建设的制高点，抢占国际化人才培养的制高点。这个“制高点”有其特定含义，那就是要站在山头上，占据优势地位，俯瞰无际的万里平川，吸收大自然所有精气和营养。“小梅沙会议”在校、园长心目中留下了深刻的记忆，直至今天，还有很多人对它津津乐道。

那年我 42 岁，处在年富力强的时期，对南山教育的热切期待，成为我永不懈怠的原动力。

课程改革是我教育生命的重大机遇，始于 2001 年。我当时的认识是，它将是推动中国基础教育的重构，包括教育观念、教育体制、人才模式、教学方式、评价方式和管理模式的革命性转变。课程改革是素质教育的“牛鼻子”，是牵一发而动全身的综合改革，是推进中国教育现代化的巨大引擎。我们牢牢抓住了这个关键与核心，在教育部的指导下，做了许多开创性的改革，呈现出百花吐艳、百舸争流的可喜局面。南山的经验被教育部充分肯定，我在全国电视会议上作典型发言，这是南山乃至深圳、广东教育系统的第一次，也是唯一一次。在波澜壮阔的课程改革中，涌现了一大批享誉全国的课改专家，包括禹明、郑秉捷、唐建新、郑明江、陈坚、张元春、吴萌、邱裕良、戴高桃、刘道蓉、李显明、吴熙龙、陈清容、王军、潘华东、揭强、邓勇等。教科中心是我们的参谋部和作战指挥中心，禹明就是参谋长。由于教科中心具有了一

刘晓明局长（左二）在二外建设工地视导工作

流的队伍和实力，后来我们把创办南山二外的重任交给了他们，禹明是第一任校长。南山二外是在课程改革的洪流中诞生的，它具备良好的系统和时机，因此，它走出了一条跨越式发展的创新之路。课程改革也成就了一批校长，像李先启、曹衍清、刘引、李陶、王水发、李庆明、钟莉、罗任重、罗楚春、崔学鸿、刘良斌、吴希福、陈显平等等，他们八仙过海，各显神通，都有自己的理念和拿手好戏。这些人被邀请到全国各地去做培训，介绍经验，出尽了风头。南山教育成为一种现象，引起教育部的高度重视，也被列为教育部课程改革的先进，向全国推荐。据禹明主任报告，每年大约有来自全国各地的校长、教师考察团 6000—7000 人次，来南山区考察学习。南山教育的经验曾两次在《中国教育报》头版头条刊发，刮起了一阵“南山热”。那段时间，教育局的局长、科长、学校校长们承担了繁重的接待任务。不过，虽然那个时代还没有“八项规定”，但即使那么重的接待工作，我们也并没有大吃大喝，依然守护着自己的准则。

人才是南山教育的宝贵财富，焯铿局长做出了榜样。在我任内，引进人才的力度更大，这得益于南山高速发展的经济和快速增长的人口。也许是我有在政府部门的经验，分管教育的罗敏区长又是大刀阔斧干事的领导，所以我们每年要兴建 3—4 所新学校，有大量的进人空间，这为我们实施人才战略创造了条件。我得特别鸣谢王潮安局长和人事局的兄弟们对教育的有力支持。经过和人事部门的反复研究，南山在全市率先开设了人才“绿色通道”。这是一个了不起的创举，它让南山在高水平人才引进方面，抢得了先机。据不准确的估算，那几年，我们从全国的高校、名校吸引各类优秀人才超过1000人以上。只要是特级教师、全国五一劳动模范、省部级以上学科带头人和先进教育工作者，经核实资料，教育和人事部门面试通过，就可以免试调入。那个时代，深圳的工资相对较高，消费水平适度，尤其是房价还没上涨，确实有巨大的吸引力。

抢占国际化人才的制高点，就是让南山的师生具有国际意识和世界视野，培养他们具有与世界打交道的能力。南山区作为广东省教育强区，最早探索教育国际化，并举行丰富多彩的国际文化交流活动。

南山区曾举办过两次“中国·深圳国际少儿文化艺术周”，邀请30多个不同国家的300余名小朋友们，在南山区学生的家里居住一周时间，并进入学校，与南山的学生进行各种文化艺术的交流。两届艺术周分别在世界之窗、欢乐谷、荔香公园举行开幕式和闭幕式，请周英琪、李湘、梁东等做主持人，请田地、邢思苗、张传富、陈良友、刘兴范等艺术家创作与指导。那种场面，那种格局，那种飞扬的激情，怎能用言语来表达？外国小朋友和中国小朋友一起玩耍，一起学习，一起欢乐，以至于热泪相拥，留连忘返，情景感人致深。南山还组织了各种形式的国际夏令营和冬令营，校长和老师们带着他们的孩子出国学习，体验异国文化和风俗，获得更多的新事物和

刘晓明局长在中加教育研讨会上发言

新见识。

除了主动请外国学生走进来，我们还积极“走出去”。区财政每年拿出专项资金200万元，分期分批组织校长、优秀老师出国培训、访学，长者达半年之久，短的也有2—3个月，最多的是利用寒暑假，进行30—40天的访学。花钱最多的是送往新加坡学习的那批年轻后备干部，每个人9万多元，我有一点既高兴又心疼的滋味。他们是经过全区公开竞争上来的后起之秀，是南山教育的未来，我想应该多花点本钱，由根平同志联系和操作。10多年过去了，这批人已经陆续走上校长岗位，看到他们的成长，内心常有窃喜之情。据我所知，南山的正、副校长、幼儿园园长，都有一次以上出国学习的经历，多的有2—3次。一批优秀骨干教师先后被选拔送往国外进修。大规模的校长、教师出境学习培训，应该是南山开的先河。这样的国际交流活动扩大了南山师生的国际视野，也提升了深圳的国际影响力。

教育集团化是南山的一个创举。第一个集团是育才。当时曹衍清同志作为人才调到育才中学，是我送他去学校并宣布任命的。考虑到他曾经是黄冈市的教委主任，当一个中学校长，可能难以发挥他的才能，经和区委领导商量，决定把育才系统的5所学校组成一个集团，由老曹任总校长。这是全国第一个公办学校集团化办学。老曹的能力不在话下，办得有声有色。第二个是南山实验教育集团。李先启也是一位怀抱理想，善于开拓创新的好校长。记得是鼎太部开办的那年，招生情况不妙，区区几十个孩子。先启校长找到我，如局党委相信他，可以考虑以南山实验鼎太分部的名义办学。先启校长话不多，但做事稳健，人品上上，他的想法完全是为局里分忧，为南山教育做点事。听了他的一席话我挺感动，这个思路在局务会议上一致通过，南山实验教育集团快速发展，让一批新建学校在2—3年就上台阶，进入名校行列。南山外国语学校基础好，队伍强，办成教育集团是理所当然的事情。集团化办学让南山教育插上了翅膀，南山教育的整体实力迅速提高。

## 四

2007 年 5 月，根据区委干部交流的计划，我调到体育局工作，这不是我的意愿，但我欣然接受组织的安排。凭我在官僚体制内的所见所闻所知，我就是一块砖头，党叫干啥就干啥，这是我一贯的信念。人生没有永恒的职业，也没有永恒的爱好，永恒的是一份立己达人的责任，是永不凋谢的生命激情和基于学习的自我价值。在体育局局长的位置上，我做得很得意，很轻松，成就了我另一种多彩的生命模式。

当然，教育仍然是我的初心。因为教育更厚重，更深远，更能催发个人成长，更能惠及普罗大众。这是我用文化敲开教育改革之门的深刻缘由。

在教育局，我提出了“三大主义”的教育哲学，那就是理想主义、现实主义和浪漫主义。我希望这三大主义成为教育工作者的生命引擎和工作动力，也许这就是我自己的存在范式，它给了我力量，给了我追求。我 3 岁失去父亲，在受冻挨饿的年代，十几岁就开始纯粹的农民生活。到今天，成为一个对社会有益的人，如果说有一点成功的话，永远的豪气乐观和不懈的痴情笃行，是我生命中不变的定力。我尝试把这样的生命积淀带给南山教育人，作为集体的精神支柱，鼓励大家立足现实，超越梦想，实现自我。

我写过一篇《真善美是素质教育的最高境界》的文章。那是在海滨小学艺术教育现场会上的一次讲话，会后整理成文发表。教育的目标是什么？素质教育怎样落实？这次讲话校、园长都在，我是试图用教育文化、教育哲学来指引学校发展的方向。李陶校长是一位值得惦记的好校长。他 80 年代就南下深圳，俩口子先是当音乐和舞蹈教研员，还办过艺术中心，后来去筹办海滨小学。几年工夫，就形成了突出的艺术特色和韵味，成为广东省第一所艺术教育示范学校。

学习是我自警自励的一把利器。大凡会学习的人都能成就大事，被无数的事实所证明。教育是一项专业性很强的事业，有太多的东西要学习。蒋和勇在写毕业论文时采访我，问我在那样繁忙的工作情况下，如何领导好南山教育。我的第一个答案是，首先是用思想引领。人的思想不是从天上掉下来的，是学习得来的。学习什么？怎样学习？一千个人有一千种回答。我希望用自己的行动来暗示，比如我经常给校长们推荐或赠送一本好书，李岚清的《音乐札记》、彼德的《第五项修炼》等。我们开设多种形式的学习沙龙，如校长沙龙、英语沙龙等，都是引导大家学习。当然，学习无所不有，无处不在，谈话是学习，听课是学习，聊天也是学习，只要有心，你身边的人都是学习的对象。最重要的是善于改变自己，只有善于改变自己的人，才能改变他人，教育他人，也才能管理他人，领导他人。

三个制高点就是南山教育的理想，很多人为它激动，为它呐喊，为它奋斗，成为了教育工作者的动力源泉，鞭策着大家探索前进。现实主义要求我们脚踏实地，求真务实，一步一个脚印，精心细致地做好每一项工作，实现每一个目标。而浪漫主义是一种情怀，是一种生命之花的绽放。人不是动物，也不是机器，有血有肉，有情有念，有工作也有生活，有时痛苦也有时快乐，有时理性也有时感性，不能用盒子去装卸，也不能用笼子去管束。人的成就来自放逐的激情，创意来自飞扬的灵感，我希望营造一种轻松和谐的氛围，在充满热情的环境里最大限度地挖掘主动性和积极性。所以我不主张打卡考勤，也不监督干部上下班的准确性。我们在一楼大厅里摆上钢琴，让大家每天听着优美的琴声上下班。在 11 楼设置了健身房、咖啡间、棋牌室等，让大家工作之余体验自己的快乐。

我鼓励校长和老师们多才多艺，全面发展，创造条件让老师们对生活充满期待和憧憬，这样，他们会有良好的情绪和乐观豁达的态度，也会把愉悦的心情传递给学生。南山教育局倡导的校园四节——科技节、体育节、英语节和艺术节，就是一个很好的文化诠释，学校有了文化，

刘晓明局长（后右四）参观南山区学生科技成果展

就有了生机，有了欢笑，有了生命的灵动，学习自然有了活力和效果。

体育和艺术是南山教育的正餐，为此我们在老的文体中心，召开过全区体育艺术工作会议，用红头文件的形式定格其在学校教育的重要位置。值得一提的是，我们成立了全国第一个青少年足球俱乐部，聘请曾雪麟老先生做顾问，邱裕良任总经理，范育红当总教练。并召开全区校长会议，要求各个学校成立足球队，开展班级比赛，校际之间进行足球联赛，一时间，青少年足球成为学校一道酣畅优美的风景。教育部体卫司和体育总局还派人来考察和指导。十几年过去了，记忆犹在，想起来仍然激动。只可惜没有坚持下来。艺术是南山教育的一张名片，我记得成立了 8 个艺术团，包括学生交响乐团、舞蹈团、管乐团、曲艺团，教师合唱团、民乐团、舞蹈团等，个个都有声有色，红红火火。一批优秀的艺术老师成为那个时代的尖兵，如王军、郁芳、宋茹、何垠、吴经齐、肖贤忠等等，还有全区的艺术老师，都不会忘却那段激荡青春的岁月。记得有一年，南山区要举办国庆晚会，区委书记王毅指示由南山教育局承办，艺术的师生们为之鼓舞，他们夜以继日，加班加点，只用了 20 多天时间，就办出了一台自创自编、精彩纷呈的国庆晚会。

艺术和体育是学校文化的抓手，我深深感受到了它的无穷魅力。很多老师经常利用节假日或下班时间，来南山教育局排练节目，他们奉献的业余时间和精力，是无法用金钱衡量的，他们的精神是无价的。我们没有给他们发加班工资，也没有给予特别荣誉和奖励，但大家都心甘情愿，累并快乐着。艺术和体育的这种氛围传播到其他学科，不计其数的学科老师，同样以校为家，爱生如子，因为大家都乐在其中，把工作当作奖赏。这是精神文化的制胜法宝。

现在很多同事都很怀念那段激情燃烧的岁月。虽然很忙很累，但痛并快乐着，好像没有过多的压力、紧张和焦躁，有的话也可以处惊不乱，一笑而过。我也十分怀念，因为那是一段有追求、有故事、有情怀、有梦想的青春年华。

我在南山教育局的两段时间，加起来共 12 年。我十分珍惜这些难以忘怀的日子，特别怀念在一起工作的同志和同事。除了前面提到的一些，还有和我搭班子的一波老友。如效民同志，我们之间的配合与支持已经传为佳话；广放同志对我如同兄长般的体恤和支持；贾非同志身为博士、正教授，资历扛扛，其职业追求和专业精神非常可嘉；令格同志聪明敬业，能屈能伸，善于协调，进步很快，堪为欣喜；根平同志学识广博，为人低调，厚积薄发，终有成就。局机关的一批年轻干部，如麦润清、兰万兴、周新森、孙斌、方施键、黄梅、叶莉芬、罗亮、肖丛青、詹佩文、王艾燕、郑飞玫、林端、杨君、李静、刘世琦等，都是全情投入，忍辱负重，竭尽洪荒之力。我们这波人以南山教育为生命，以南山教育为荣辱，结下的深厚友情将历久弥香。

对于南山教育的未来，我希望它发展得越来越好，更加辉煌灿烂。大家庭的文化，相互尊重，相互爱护，相互成就，这是南山教育的一笔宝贵财富。南山教育取得了巨大成就，是大家庭集体的荣耀，包括那些本文没有提到，没有提拔升级的普通干部和职员。南山教育不是某一个人的杰作，是一代代南山教育人智慧的叠加和能量的裂变。南山教育具备了良好的先发优势，现在又遇上了国家的大湾区建设规划，为南山教育再创伟绩带来了千载难逢的机遇。南山教育人应该立足现实，胸怀世界，以更加自信、更加大气的手笔描绘更加美好的未来。

# 难于忘怀的记忆

## ——我心中的南山教育

张效民

张效民，广东省人民政府参事，原政协深圳市委员会副主席、南山区教育局副局长

## 一

说南山教育的改革发展，我个人其实没什么好讲的，因为没有多大贡献。这不是谦虚，事实确实如此。但是我在南山教育 13 年，对于南山教育的改革发展还是比较了解的，尤其是对于 1994 年至 2007 年期间的南山教育，许多事情参与过，可以说说我的一些看法。1994 年以前的情况，由于我在相当长时间内负责南山教育的宣传工作，耳濡目染，也有一些了解，有自己的认识。就先说说我对南山教育发展的总体认识吧。

南山教育走到今天，已创造了众多的光辉业绩，它是集体力量的张扬喷发。区委区政府和市教育局积极支持，历任局领导班子在他们任内，坚持不懈地推动改革创新，都作出了突出贡献，全体校长和教师团结一心，无私奉献，才铸就了南山教育今日的辉煌。这不是官话，是我的切身的体会。在我们国家，没有领导支持，是什么事情也干不好、干

不成的。

南山教育的崛起，有着鲜明的时代轨迹和烙印，它是在特区经济社会文化不断发展背景下发展起来、走向辉煌的。它是南山教育人的智慧心血积淀，也是伴随着深圳特区尤其是南山区社会经济的发展，适应南山社会经济文化发展的呼唤，厚积薄发，才形成今日南山教育的恢弘版图。话虽如此说，其实不同时期的教育局领导班子的贡献也是十分重要的，主要领导思想的引领，对于事业发展的谋篇布局，推动工作的力度和工作的方式方法，都必然打上特殊的印记，都关系着事业发展的程度和水平。

追溯南山教育的发展，奇迹是从一片荒芜落后中开始的。最初在南头地区有两个公社——蛇口公社和南山公社，蛇口那边改革开放后建了蛇口工业区，就是招商局的蛇口工业区。后来南头从罗湖区独立出来后成立了南头区。那时深圳有几个这种性质的区，有行政区，有管理区，如上步区、蛇口工业区等都是管理区。罗湖区、南头区等是行政区。行政区成立，南头教育局也随之从罗湖教育局分离出来。按照教育局老领导曾建中先生和老同志王寿能先生的说法，这次分家得到的财产只有一张桌子、一把椅子和几个杯子，底子非常薄弱。

南头区教育局的局长是曾建中先生。那时候环境是十分艰苦的，曾局长他们所奋斗的 80 年代中期，特区建设刚刚起步不久，南头这边的发展还没有起步，经济落后，交通不便，其艰苦状况可想而知！建中局长和当时的局领导班子意识到教育的积贫积弱的现状以及发展教育的紧迫性，发扬艰苦奋斗的拼搏精神，经常骑着自行车下基层、跑学校；四处奔走寻求教育经费支持，建立了一批学校，形成了南头教育的整体格局，在山林中响起了孩子们的阵阵读书声。可以说，南山教育最初的基础是曾建中局长时代打下的。当时由于区内经济落后，教育还是农村式远郊教育，由街道办、村委来办学，属于铺摊子、打基础阶段的教育。由于教育经费有限，蛇口地区工业区、华侨城集团、南油集团的教育由企业自己办，水平很高。而区属学校水平就整体要低一些，西丽等边远区域学校更差。全区内教育水平是很不均衡的。

1994年我刚来深圳时，南山教育条件依然很落后，尤其是西丽地区更艰苦，连公路基础设施都很差，到处都是莽荒山林。记得我和教研室黄永宁主任去西丽小学检查“推普”工作，就是检查推广普通话的工作，坐大巴车翻越了几座山，绕着山路十八弯，颠簸了一个多小时，才到了西丽小学。90年代尚且如此，曾局长他们那个时期的艰苦程度可想而知。但是那个时期曾局长他们就认识到了人才的重要性，开始从省内招调教师。听说从肇庆广宁调入南头中学的曾江，对于提升南头中学英语教学质量发挥了很好的作用，后来曾江又调到局里工作，担任过党办主任、人事科长、教科中心主任等职务。从广西防城港调来数学教研员谭炳麟，他担任过教研室主任。还有陶广放，他后来担任人事科长，教科中心主任、副局长，文化局局长。李陶夫妇也是那时引进的，对南山艺术教育特色的形成，发挥过重要作用。还有从韶关调到调入教育局工作的林洁。林洁十分优秀，后来到区团委工作，现在在市里担任重要领导职务。听她说，当时她并未下定决心调南山工作，是在省里出差时约曾局长，曾局长亲自从南山到广州动员她来南山，她是被感动了才来的。由此可见曾建中局长他们对于人才的重视。曾建中老局长带领一帮人筚路蓝缕以启山林，他们以艰苦勤劳的工作作风，奠定了南山教育发展最初的基础，这是南山教育的宝贵财富，值得所有人铭记。

1990年南山区成立后，南山教育局随之成立，刘焯铿任局长。班子的核心班子成员、主要领导基本上是广东人。刘焯铿是江门市人，毕业于华南理工大学，当时是在深圳大学任教务处副处长，南山区领导把他调到教育局任局长；党委书记赵祝武，毕业于华南师大，他曾是韶关乳源中学校长，后来调到深圳任南头中学校长，再到教育局工作，任党委书记；有副局长李忠俊，中山大学毕业后分配到海南文昌中学工作。那是一所十分著名的学校，李忠俊是那里的语文教学权威。到南山后曾任西丽中学教导主任、校长。他们两位都是汕头澄海人。我之所以特别点出这几位领导的籍贯，是因为在我的心目中，广东干部的心胸开阔，富有改革激情，为人忠厚，胸怀宽广。当时局里的干部，还是以广东人居多，他们对于外来干部也是一视同仁，工作十分配合，没见有什么地域的偏见。正是在这一个时期，南山教育的改革发展驶入了快车道。

刘焯铿有着高瞻远瞩的视野和志存高远的思维，他提出了南山教育要走在全国教育前列的奋斗目标。班子成员也具有很高的水平和团结协作的精神，他们开始了锐意改革和创新，大规模地从全国引进人才。从东北师大引进了李硕校长，她创建了博伦职校；引进了东北师大图书情报系副主任刘迅，后来刘迅任南山区教育局局长、宝安教育局长；引进了湖南师大的刘晓明，他任过南山区政府办副主任、南山教育局局长、南山体育局局长；引进了东北师大附中的刘根平，现在是南山区政协副主席、南山教育局长；还有吴声洛，他引进后任蛇口中学校长，后任教育局副局长、体育局长。禹明也是那个时候引进的。他任过教研室主任、教科中心主任、南山二外校长。禹明引进来时是英语教研员。他是英语教研的权威，在全国英语教研界有着无可比拟的影响力。从武汉大学分校引进英语人才兰金仁；引进任过南头中学校长的戴振江；任南山实验集团总校长的李先启、任过教研室副主任、松坪学校校长的罗楚春、现在的教育局副局长陈登福等等。我也可以说是他看中，交代引进的。还引进了一大批各学科骨干教师。刘卓铿局长有个人才理论，就是用人才引进人才，他认为近朱者赤、近墨者黑，是人才的人，一定会欣赏人才，他的身边必然会聚集一批人才，所以以才引才必然会有很大成效。现在想来，这是很有道理的。可以说，正是在这一时期引进的人才，成为 90 年代至新世纪以来这 20 年南山教育的中坚骨干力量。他们中的一些人，至今还在南山教育中发挥着极其重要的作用。

那个时期，在区委政府支持下，南山教育改革轰轰烈烈。以改革办学体制，将各办事处的教办撤销，从街道办、村委办小学、中学的模式，改为由区政府办学的体制；发动和支持企业办学。改革德育教育，推行素质教育，把德育放在教育工作的首位。这是由党委书记赵祝武抓的工作。记得当时南山教育出的第一本书，就是《南山德育之路》，海天出版社出的，扉页上就有一幅照片，是南山学生参加全国少年儿童摄影展受到胡锦涛主席接见的照片，还有当时国务委员、教委主任李铁映肯定南山的德育工作的一段话。南山的德育是有相当影响力的。改革教学内容、教育方式，在主管教学的李忠俊副局长领导下，最先在荔香中学试点，然后在全区范围内逐步推广武汉师范学院黎世法的“异步教学法”，而且是所有的学科课程都采用了这一教学法；对教材进行改革，兰金仁教授主编了英语教材，在教材中融入了环保知识，后来成为全国多个省份和地区的通用教材；在教学手段上进行改革，李先启校长在赤湾小学开展电化教学，促进了南山教育在教学手段上的探索求变。教育局还成立了英语教学中心、现代教育技术中心、语言艺术中心、艺术教育中心等，全面推进素质教育。还有各个学校都积极开展教学实验，凡是在全国有一定影响的改革试验，都被南山“拿来”为我所用，真正是一片热气腾腾的改革景象啊！

张效民副局长检查学校建设工地

南山区委、区政府领导非常重视和支持教育改革发展，主管教育的副区长黄水桂曾在全区教育改革会议上讲话：“改革容许失误，但决不允许不改革！”给教育的改革创新创造了良好宽松的政策环境。全社会也积极支持教育事业，1994年全市开展了“教育基金百万行”的行动，号召企业、个人给教育捐款，在南山文体中心的外墙上，贴满了捐赠名单，全社会支援的力度很大，涌动着支持教育改革的浪潮，为南山教育的改革发展创造了良好的社会氛围。

在教育目标的指引下，在区领导的支持下，在全区校长和教师的努力下，南山教育做了很多富有开创性的工作，并取得了丰硕的成果。自从这大面积的改革创新后，到了 90 年代中后期，南山的中考、高考都狂飙疾进，成为深圳市教育的领头羊，而且还创造了精彩纷呈的“五大教育特色”，后来发展到九大特色，产生了全国性的影响。振奋人心，令人激赏。我觉得，这个时期，是南山从农村教育迈向城市教育，从城市教育迈向现代化教育的十分关键的时期。那个时期形成的南山教育的改革创新精神、团结协作精神、无私奉献精神和廉洁奉公精神，至今还深刻地影响着今天的南山教育。

## 二

我就是在南山教育蓬勃向上的时候来到深圳的，那时我已年届 40 岁，在成都师专任教，还担任了成都市政协委员。成都师专在四川彭州。我的好朋友，彭州教师进修学校、电大常务副校长李先启来到深圳后，多次劝说我来深圳，给我分析南山教育的巨大潜力。拗不过好朋友的热情，我有些动心了，办好了边境通行证，又感到犹豫，找各种理由，又临时打消了到南山的念头。但是李先启不断开导我，说就当来深圳旅游一次。

当时正是 1994 年春节期间，火车票紧张很难买，于是我买了飞机票。那还是我第一次坐飞机，为省钱，就买了从成都飞到广州的飞机票。等我到了广州后，才发现到深圳还有很远一段距离，只好坐部队支援春运的车去深圳。

我于 1994 年 2 月 27 日到达深圳南山，在李先启任职的赤湾小学找到了他，当晚李先启就带我去拜访了李忠俊副局长。原来刘焯铿局长刚调到市教育局任副局长，此前经李先启介绍，得知我是搞鲁迅研究的，还有几本著作，就特别嘱咐李忠俊副局长，说是一定要好好考察，如果真有能力，就把他调过来。

在南山教育我试用了一个月多月时间，期间接到一个考核任务，要写一篇文章，准备在《中国教育报》上发表。后来知道，这是要对刘焯铿局长时期的南山教育发展做个阶段性的全面总结。这篇文章已经几位同志写作，但是刘局长和当时的教科所长刘迅同志不怎么满意，所以又让我写。当时我初来深圳，对南山教育也不熟悉，但是我知道，这是一次考核性质的写作，必须全力以赴。在翻阅了一些资料后，我写了一篇《为了明天的辉煌》的文章。这篇文章写好后，刘局长他们还比较满意。由教育局交给《中国教育报》驻深圳市教育局站长杨松审阅。杨松将其推荐到《中国教育报》，后来在《中国教育报》整版发表。据后来调入南山的一些校长和老师们说，看了这篇文章，都认为南山是一片教育沃土，是大有可为壮志可酬的理想家园，很多人心潮澎湃，对南山教育心驰神往。所以下决心调来南山。

前面说过，那时的南山教育，涌动着教育改革的春潮，催人奋进，让人激情澎拜。我冷静深思了一番，认为南山是值得寄托教育情怀的地方，可以实现我的一番梦想，我决定留在南山教育界工作。可以说，我就是被南山教育局领导求才若渴的情怀所感动，被南山教育美好的前景所吸引，才来南山的。这样我被安排到教研室做语文教研工作，并参与抓高考工作。作为从高校过来的文学教师，改行从事基础教学研究，还要指导全区语文的教学改革，指导全区的语文高考，压力是很大的，刚开始还有些不适应。但是在改革开放的前沿，你不得不打起全副精神来应对工作。局里安排我协助南油中学兼任全区语文教研员的杨东辉老师学习语文教研。为了指导高考，在李忠俊局长主持下，我们还编辑出版了一套《高考指导丛书》，由四川民族出版社出版。努力工作必有成效，1994 年和 1995 年的语文高考也取得了很好的成绩，局里还同意我带着各学校的语文组长到珠三角去考察学习，我理解，算是对于那年语文教研工作的一种奖赏吧。

## 三

半年后，由于刘迅已升任南山教育局局长，他担任的教科所长就由刘晓明接任。我被调到教科所工作，做刘晓明的助理，当时这个助理未经教育局任命，就是这么一说，就成助理了。那时我也不懂得行政程序，反正晓明说是助理，就是助理吧。现在想起来可能是晓明所长觉得有个助理的名号好对外联络吧。后来又任教科所副所长，这个是有文件任命的，比较正式。南山教育局教科所是全市第一个教科所，在全国区级教科所也不多。按照南山教育局刘迅局长的要求，全区每一所中小学、幼儿园都必须要开展教育模式研究，由教科所组织开一次教育模式研讨会，也就是根据学校各自实际情况，拿出办学的“顶层设计”方案，对学校的定位、目标、条件、改革、创新等做系统性规划。教科所负责对各所学校进行指导，或直接帮学校写作。召开研讨会的时候，市里的教科所长曾凡礼亲自参加，大加赞赏。这次会议的成果，我写过一篇综述文章，发表在《深圳特区报》上，产生了一定的影响。

南山区这场大规模的建立教育模式的举措，使各学校、幼儿园建立教育模式深入人心，促使校长和老师们思考一些前瞻性的问题。比如，你要办一所什么样的学校、学校现在什么情况、如何实现办学目标、路径如何等等，校长老师们就要去思考。这样，校长老师们就把精力集中到办学上了。因此，教育模式的研讨对于南山教育的改革发展是具有重要作用的。教科所还发挥了指导全区学校开展教育科研的作用，引领教师队伍开展扎实的教育科研工作，鼓励校长、教师成名成家，促进了各学校的教育改革创新，成效是显著的。明显的标志是教育局教科中心和各学校出版了一大批教育教学研究性著作，可以说是万紫千红，琳琅满目。

南山还十分重视对于校长的培训，教育界有句话，就是一个好校长就是一所好学校。南山每年学期即将开始的时候，都要对校长们集中进行培训，一方面是布置工作，也请国内外专家来讲课，以开阔校长们的视野，使他们总是站在最前沿，我至今还觉得，这些举措是十分有效的。

南山还十分注意开阔校长教师的视野，在深圳大学召开了全国性的美育学术研讨会，一大批来自全国高校、科研机构的高水平学者参加会议，研讨美学和美育问题，虽然看起来有点“跨界”，但是开阔了南山校长和教师们的视野，增长了见识，开拓了思路。那时我们还承办了中华诗词学会的一次年会，来自全国各地的古体诗词爱好者、写作者齐集深圳南山西丽湖，研讨发扬中华民族优秀传统文化，促进诗词进课堂的问题。南山教育是李忠俊具体负责，我和唐建新老师共同做会务工作。随便说一句，唐建新老师也是这个时期引进的人才，他是全国著名的语文教育专家。来南山后任教研室副主任，在语文教研中发挥了十分重要的作用。会议上著名经济学家于光远、古典文学学者叶嘉莹、霍松林，还有华中科技大学老校长杨叔子、中华书局著名学者周笃文等出席并发表演讲。产生了很大影响。今天我们更加重视发扬优秀文化传统，现在看来，我们南山教育当时还是具有超前眼光的。其实，南山教育从来未有忽视我们的传统文化，我们还有一些学校很早就开展了诵读古典的活动，并且很好地坚持下来了。这也体现了南山教育人的文化情怀。

刘迅来自高校，曾是东北师范大学图书情报系副主任，由李硕引荐来到深圳后，在教科所任所长，从事教育科研工作，带动了南山教育科研形成浓厚的风气。同时也使他思考教育发展的一些重大问题。刘迅继承了刘焯铿的改革创新之风，进行大刀阔斧的改革创新。我感觉，他最为突出的贡献是提出了“区域教育现代化”的理念，对南山教育的现代化崛起至关重要，它拓宽了南山教育的内涵和外延，确立了教育现代化的标准，明确了南山教育的发展方向，对南山教育发挥着战略性引领作用，使南山教育界精神振奋，鼓舞人心。

1996 年，广东省开始教育强区建设督导评估。选定深圳南山区和佛山南海县作为试点。教育厅组织对南山区进行考评，南山区教育局展览了 90 多种公开出版的各类教育论著，展现了南山区在教育改革创新和教育科研方面的突出成就，参加督导评估的人员对此给予高度评价，南海的同志们也表示，讲硬件，我们不比南山差，但是讲软件，讲教育科研，我们的差距很大。省教育督导也对南山教育科研高度重视，在修改全省的教育督导条例时，参考南山经验，加大了教育科研在评估中所占的分量。

南山区从掀开教育改革创新肇始，就对教育的硬软件发展并重，既依靠政府政策和资金升级教育设备设施，推动教育信息化，又大力开展教育和教学科研工作，两翼齐飞相互助力，使南山教育展开羽翼开始腾飞。由刘迅、刘晓明、刘根平和我一起编著的《南山教育与教育人》一书，对南山教育的阶段性成果作了系统性总结，对十几年来的南山教育人接力传承有了一次全景扫描，这本书由南海出版集团出版。

1998 年刘迅局长调任宝安区教育局局长后，由李忠俊任局长。在我眼里，李忠俊是一位学识渊博的忠厚长者、贤人。他待人诚恳，与人为善，工作作风务实细致，不尚空谈。经过刘焯铿、刘迅两任局长大刀阔斧的改革创新后，需要有一位掌舵人来引领南山教育做实、做细，把改革的举措转化为实际的累累硕果。李忠俊局长工作扎实负责、谦和低调，但同时也富有改革创新精神，无疑是绝佳人选。

李忠俊局长抓住了全省开展教育现代化、信息化实验的重大机遇。广东省教育厅在中山召开全省教育工作会议上，他力争使教育现代化、信息化示范区落户南山。他要求我连夜起草这两个规划，于是我和李禾田一起连续熬夜加班，殚精竭虑来写这两份材料，后经李忠俊局长召开局务会，组织大家充分细致讨论，逐条审改每一个条文。南山教育现代化、信息化的建设，对南山教育意义非凡，可以说是功能强大的发动机，使南山教育现代化、信息化水平迅速提升，占据了深圳市区域教育版图的首要地位。

其实，南山区开展教育现代化、信息化建设是有条件基础的。李先启任南头小学校长时，美国副总统戈尔刚刚提出“信息化高速公路计划”，他深受启发，在教育局指导下，与北京师范大学何克抗教授合作，开展基于信息化背景的“8岁能读会写”改革实验，率先在南山实验学校开展了教育信息化的试点工作，取得十分突出的成绩，学校也成为深圳的名校，在广东乃至全国也有十分重要的影响力。他本人也成为全国著名校长。在南山实验学校带动下，后来南山区学校都开展了信息化建设，设备设施也上去了，利用教育信息化教育教学也取得了丰富的经验，可以在全区铺开推广。这些在李局长是了然于心的。可以说，南山教育局在信息化建设上，是有充分信心和底气的。其实，这是南山教育的优良传统，很多教育上的改革创新，我们都是先行先动主动摸索，等别的地区开始做这些工作时，我们已遥遥领先了。而且，经过曾建中、刘卓铿、刘迅三任局领导班子和南山教育人的努力，南山教育已经从当年的农村教育跨进了城市教育的大门。尤其是两位刘局长在大刀阔斧的朝着现代教育方向的改革创新，南山教育已经在全国产生了相当的影响。所以说，李局长决心成为教育信息化、现代化实验区，是有相当的底气的，这也体现了李局长的敏锐和胆识。

去年，我作为广东省政府参事，曾去浙江、山东的一些地区做调研，也到粤东西北的一些市调研，发现这些地方现在还处于信息化基本上处于起步的阶段，而南山区20年前就开始做了。南山区开展教育信息化建设，是为了教学需要和促进学生自主网上学习，方便老师和学生沟通互动。我看到一些地方的信息化建设，把重点放在教育管理上，而未能把重点放在教育教学应用上，这就有点本末倒置了。我认为这样做，既造成教育信息化资源的巨大浪费，也必然成为政绩工程。

在李忠俊局长时期，经过努力争取，南山成为全国课程改革实验区，是全国四个综合课程改革实验区之一，也是广东省唯一课程改革试验区，开始在全区内开展综合课改，这项工作由贾非副局长来具体执行，在全国引起了巨大影响。同时，开始于90年代后期的广东教育强省建设，2002年重新启动，南山区毫无疑问的获得了教育强区的光荣称号。

李局长也是一位求贤若渴的领导，在他的任内，也十分注重引进优秀校长和优秀教师。我记得，担任过黄冈中学校长、黄冈市教委主任的曹衍清就是那个时候引进的。曹校长是一个著名的教育家。引进后担任育才中学校长、育才教育集团总校长，后来市里看中他，又让他担任了实验教育集团的总校长，为南山深圳的教育作出了突出的贡献。还有来自湖北水果湖中学的曾令格，他当过西丽二中校长、教育局副局长，继刘晓明之后当过南山教育局长，现在是南山区人大的副主任。担任过华侨城中学校长的刘良斌、还有罗任重夫妇等等一大批人才，也是那个时候引进的。注重引进和培养优秀校长和教师，是南山教育的优良传统。

张效民副局长（中）和教科中心曾江主任等同志在一起

这个时期我还担任过教科中心的负责人，主持工作。对于基础教育，我是一个外行，教科中心的各位教研员都是各学科的专家、权威。我只能依靠他们，让他们大胆工作。我说，你们放手工作，取得成绩是你们的，有问题由我承担。现在想来，这样说有些取巧，有问题了作为领导承担的只是所谓领导责任，不会伤筋动骨的。但是却有效地鼓舞了大家。我还说过希望大家都成名成家。我是这么想的，如果大家都成名成家，我作为他们的“头儿”，统帅的是一帮专家，不是也很光荣吗？

如果大家都默默无闻，作为领头的，又有什么光彩呢？！因此，调动了大家的积极性，工作开展的很顺利。

2002年，刘晓明从区政府调回来任南山区教育局局长，面对前面几任局长的累累硕果，他思索如何让南山教育迈上新台阶，提出了“抢占教育的三个制高点”。记得是抢占教育信息化、教育国际化和课程改革的制高点。晓明局长是很有教育情怀的人。他提出了南山教育的三个主义，就是“理想主义、现实主义、浪漫主义”，要求南山教育不仅要站在深圳市前列，也要走在全国最前列成为排头兵。与这一套理念相配套的实际措施，一是大力推动课程改革；二是积极推动教育国际化，组织大规模的国际交流，促进教师校长出国交流培训；三是继续大力引进人才。打开绿色通道，引进了一批特级教师和具有全国影响力的著名校长，比如王水发、吴熙福、崔学红等就是那时引进的，还有教研室引进了物理教研员陈坚、吴熙龙等。陈坚现在南头中学当校长，吴锡龙是教研中心副主任，王水发后来调市教育局工作，现在是罗湖区教育局长。其他几位，仍然在南山教育园地里辛勤耕耘，继续发挥着重要作用。

关于综合课程改革，当时对南山区的高中教师队伍来说存在巨大压力，以往分别教历史、地理的老师们，现在要教综合后的社会课；教物理、化学、生物课的老师们，要教综合后的科学课，这需要老师们付出更多艰苦努力，很多老师们深感既感到吃力，也有强烈的抵触情绪，一些家长们也很不满。

教育局分工调整后，我有一段时间负责业务工作，推动课程改革责无旁贷。面对课程改革中的实际问题和老师们的抱怨，我宽慰鼓励他们，指出重新学习综合课的课程，是对自己教学能力素养的提升，尽管比较辛苦，但是促进了专业的进步成长，对学生的全面健康成长也具有很大意义。后来据深圳中学的校长说，进入该校的南山区学生，刚入学时看起来不是最为突出的，但是综合素质好，有很好的学习后劲和可持续能力。因为这些学生们经过了综合课程教育的浸染，在学习上会越来越得心应手游刃有余。

综合课程改革存在的问题是，没有一套标准可参考的教材教参，很多老师们对于课改觉得无所依凭，一头雾水。在哈尔滨召开的全国课程改革会议上，禹明、吴萌和我分在三个小组中，结果都被推荐为代表来作大会发言。在发言中，我指出这次课改启动比较仓促，准备明显不足，表示要编写一套南山区的课改案例集，为全国课改提供助力。回到深圳，我就和禹明一起组织了教研室所有教研员参加，不到一年时间，编写出了 20 多本供小学课改的教学案例集，由广东教育出版社出版。这套案例集后来被广东、浙江等多地采用。高中部分在我调离南山后，由禹明和当时的局长曾令格领衔，也正式出版了。

去年我去浙江、山东等地考察教育信息化时，当地教育部门都赞许南山的课改成就，说南山可是全国教育的一面旗帜啊。我认为，南山教育之所以具有全国性影响，课程改革是一个十分重要的原因。客观来说，南山课改立足于教育规律和实际情况，摆脱了课改中一些专家们不切实际的“高空飞行”的高谈阔论，走出了一条自己的路子，是非常接地气的，是在非常严谨的工作基础上扎实推进的。

张效民副局长带团考察欧洲教育

南山教育一直重视素质教育，十分注重学生的全面发展。但是也一直坚持咬定高考工作不放松。因为我们的学生要考上大学，这也是学生、家长和老师们共同的愿望，也符合国家培养高素质人才的需要。那时我们认为高考和素质教育、学生全面发展并不矛盾，可以相辅相成，是两手都要抓两手都要硬的关系。所以必须要抓好高考工作。在李忠俊任局长时，教育界盛行反对应试教育的呼声，但是南山没有偏废，高考一直抓得很好。当时，某省某重要城市是高考强市，因为对高考有所松懈，当年高考成绩直接滑到全省中游，这震动了江苏省教育界。也对深圳教育界产生了影响，那年，市里就由两位副局长来抓高考了。而南山却一直比较主动，原因就是南山不跟风，不随风倒。

2002年，我任南山教育局副局长，分管业务工作，既抓课改，抓高考也是本分。我在各种教育工作会议上，提出抓好高考工作是落实“三个代表”精神的体现。教育局组织全区所有高三班级老师参加高考工作动员大会，聚餐时主管副区长罗敏到每个饭桌给老师们敬酒，体现出区领导到教育局领导，对抓高考都是十分重视的，也激励老师努力奉献。

备战每年的高考，对高三年级的老师们来说，确实是一场艰苦的战役。我记得，南头中学的高三班英语老师孙晓秀，因为身体原因坐着轮椅，辅导学生到晚上十一二点。华侨城中学校长告诉我一位参加备战高考的实习老师，因为担心高考不理想而哭泣。我深深感到了老师们的努力和付出，为他们的无私奉献精神所感动。

南山教育在高考上一直以“低进高出”闻名，面对其他区抢夺优秀生源，要保证优秀生源很困难。每年初中的艺术节活动，市里一些名校校长都来南山区学校观看演出，如果看到有特长的学生，他们就会找到该学生或他们的家长，要他们报考市里的高中。我们在这方面做了很多工作，将留住优秀生源直接落实到校长和班主任身上，如果能把优秀学生留在南山区读高中，学生、校长和班主任会得到奖励。这一系列举措，至今还为一些校长们传为佳话。

在任教育局副局长后期，我分管了基建、后勤、财务、计划等工作，那又是一番繁忙，又是一种新的压力。但是在大家的支持关爱下，我依然将各项工作有条不紊地推进，在诸多方面推动了一些改革举措。比如清产核资，摸清了南山教育的家底；比如推进对于校长们的年度审计工作，加快学校建设等等。那时的基建、审计、财务、计划科长是孙斌，从审计局调过来的，很是能干。这方面工作有他支持，开展很顺利。

我在南山教育工作期间，都得到教育局领导的信任和关照，工作是很顺利的。尤其是两次和刘晓明搭班子期间，都得到了晓明的充分信任。我也积极支持配合他的工作，合作十分愉快。晓明在多个场合中也说过我们是“黄金搭档”。我和班子其他成员相处得也十分愉快。我深感南山教育的各任领导目光高远，胸怀宽广，忠厚待人，能在他们领导下工作 13 年，能与班子成员亲密无间地合作，是十分幸运、十分幸福的。

从进入南山教育局工作，我见证了刘迅、李忠俊、刘晓明三任局长时期的南山教育发展历程，体会南山教育人浓烈的教育情怀，这是一群有着“高贵的单纯、伟大的静穆”的灵魂的人们，他们的梦想和情怀让我动容，我对他们充满着敬意！与他们一起携手前行风雨兼程，我的内心充满幸福感。看着南山教育笑傲江湖，灿若披锦，我深深感到这是我人生经历中一段无法忘怀的燃情岁月。我将永远铭记这段经历那一件件令人激动的往事，那一幅幅生动鲜明的图景，那一张张坚毅而充满着奋斗朝气的面容。

## 四

作为一位耕耘南山教育多年的老同志，我认为南山教育能取得今日的成就和地位，得益于诸多方面，几代南山教育人都恪守并践行奉献教育的信仰和情怀，高举改革创新的精神旗帜，使南山教育不断崛起；南山教育人不自满、不骄傲，有一种忧患意识，永远盯着前面的目标，追赶先进，自给压力，创造性地开展工作；南山教育人志存高远高瞻远瞩，仰望星空脚踏实地，有一种超前的眼光和思维，有宏大的格局和气度，使南山教育不断走在深圳和全国前列。多年以来，南山教育局一直政通人和风清气顺，每届领导班子都非常团结和谐，大家的工作生活作风都很正派，在严格自律中滋养了一股浩然正气，也感染了各学校的校长和教师队伍，形成了清正廉洁、和睦友爱、风清气正的南山教育良好氛围。

我准备来深圳时，想到要去拜访李忠俊副局长，便想要送点什么合适的礼物，觉得不能空手去。李先启跟我说南山教育局领导都很清正廉洁，绝对不会收受钱财礼物，建议我从成都带一些豌豆苗。于是当我拜访李忠俊副局长时，只带了一斤多豌豆苗。赵祝武书记一直分管人事工作，但是我个人一次也没有单独去他家一次，更别说送什么礼了。还有刘卓铿家里我也没有去过。他们都是我进入南山教育的恩人啊，但是我们都没有更多的私人交往，没有那些权钱交易的事情。他们的清正廉洁精神是南山教育的一笔宝贵财富，每当一些老师未能通过考试调入南山有怨言时，我总是告诉他们，南山教育调人，逢进必考，是很严格的，南山教育的人事环境是好的。后来他们调进来，也没有送什么礼，才感到果然如此。

这些年来，我总是时时以南山教育老领导们为镜子，对照自己，激励自己要廉洁奉公，决不能以私害公，收受财物，腐败变质，给南山教育遗羞，败坏南山教育的名声。这也可能就是这些年来我不管在什么岗位上，都能够洁身自守的重要原因吧。

如今，南山教育仍然在改革创新的道路上不懈前行，在教育改革发展、教育现代化、信息化、智慧校园方面做出了很多卓有成效的工作，彰显了南山教育的魅力风采。全区内教育质量比较均衡，形成你追我赶蓬勃向上的发展局面。各学校的校长和教师们都很拼搏，都尽心竭力为各项教育教学工作付出奉献。我建议，每年教师节时，都应该组织对新进教师的培训，讲讲南山教育的发展历程，讲讲历届局领导班子的教育理念和成就，讲讲他们的改革创新的精神，让新一代南山教育人了解和认识前人的努力，继承南山教育的精神财富，继续砥砺前行，再创新佳绩，为南山教育的宏伟蓝图添光添彩。

我这里回忆的只是南山区教育局自己引进的人才，原来南山区是两种办学体制，就是还有企业办学那个部分。相当长时期内企业办学的质量居于南山教育的突出地位，如育才系列中小学、南油系列中小学、华侨城系列中小学。在这些学校里也汇聚了一批优秀校长和教师，如育才的陈难先、王庭尧等，华侨城中学的朱文澎、贾笑纯、郑秉捷等等，更多的人名我记不住了，但这些学校的人才也很多。

南山教育汇聚了众多人品才情俱佳的精英，是培养人才的理想摇篮。很多教育工作者来到这儿，经历了一番锻炼后，又从南山走出，成为其他地区的教育骨干。如今的罗湖区教育局局长王水发、福田区教育局局长田洪明、光明新区教研室主任张元春、坪山新区教研室主任李显明等，都是从南山教育界走出的优秀代表。

南山教育走到今天，是几代教育工作者努力心血的积淀，浸透着无数人的心血汗水，是来之不易的，值得所有人珍惜，我希望新时代的南山教育人牢记信仰和使命，继续不懈努力勇往直前不断改革创新，创造南山教育更加辉煌的业绩。

# 课改的回忆如星星

禹　明

禹明，南山区教育局关心下一代工作委员会常务副主任，原南山区教育科学研究中心主任兼南山区第二外国语学校校长

我是1992年调进南山区的。当时教研室已有卢福波和李女欢在做英语教研员，但刘焯铿局长和赵书记还是把我留在了教研室。那时，南山教育的条件艰苦极了，报到的那天，天刚下雨，教育局外面满地泥泞，看着周边的鱼塘、菜地，哪有城市的模样！教育局没有宿舍，只能借住在南头中学校内一栋小黄楼里，90岁的奶奶和我们三口挤在12平方米的房间里，没有洗手间，床前就是做饭的灶。老家有些想调入深圳的老师在我家一看后，便打道回府不来了。

一晃25年了，南山教育的每一天都是那么令人难忘。其中最难忘的就是激情燃烧的十年课改岁月。2001年国家正式启动第八次基础教育课程改革，南山借助90年代打下的坚实基础，抓住了课改机遇，走上了全国课改的舞台，成为了“全国课改的一面旗帜”。南山，一度是“课改”的代名词。那些充满激情的日子如同昨日，令我久久难忘。

# 一

国家开始酝酿课程改革，是从1996年开始的。随着《幼儿园教育指导纲要》的推出，课程改革最早见于行动的是幼儿园。南山区的幼儿园，特别是公办幼儿园，在课程整合、教学方法改变等方面在1998年就已经有了行动，幼儿园的课程改革，很多方面领先中小学。关于课改的一些术语，我最早是在幼儿园调研时听说的。

1998年，南山区已经成为了广东省课程改革实验区。这一年南山区部分学校悄然开始了课程改革的尝试。

不能不提到海湾小学，在李局和贾局的具体指导下，邓晋标校长在1998年就迈开了课改的步子。他们探索课程整合，把社会、思品、法制整合为“社会公民”，把自然、科技、手工综合为“现代科技”；实施弹性课时制，实行长短课；参加北师大基础教育课程中心主持的“综合实践·生活”课题研究；开始开发校本课程等。他们的经验编入了教育部国家级课改培训材料内。与此同时，松坪小学罗楚春校长、后海小学袁晓峰校长也在学校开始了前期探索。

1999年，国家筹划第八次课程改革的工作已经进入到最后的紧张阶段。课改的消息也不胫而走，被各地知晓。信息对每个人是公平的，然而会利用信息行事的人则为数不多。

深圳市和南山区却有这样的人，他们敏锐地感觉到了一个新机遇的来临，开始为迎接新事物而疾呼。1999年下半年，深圳市教育局成立了课程改革工作办公室，由时任副局长刘焯铿任主任。当时，每个区都派了一人参加工作。我是作为南山区代表参加的。这个办公室的主要工作是收集信息，进行舆论准备。当时，办公室曾组队前往香港教统局、教统会拜访，参观考察香港的课程改革；也曾组队去教育部向基教司汇报了解课改情况。那是我第一次走进教育部的大楼，听朱慕菊副司长谈课改的问题，并了解到她对某些申办地区的看法。

比市教育局动作更为迅猛的是南山与宝安两区。两区教育部门的行政长官开始了争夺成为国家首批课改实验区之战。时任宝安区教育局局长的刘迅先生更是提出了由宝安出资，组织专家编写新一轮课程改革教材的宏大计划，而这一点却是基教司不赞同的。南山区教育局贾非副局长奉李忠俊局长之令也穿梭于京穗深三地，向教育部、基教司及省教育厅表达南山争取成为国家课改实验区的意愿。

两区教育部门对课改极大的热忱反映了两区教育首长的远见，市教育局主管教学的刘焯锃副局长对两局争办均表示支持，这或许与两区教育局长都曾是焯锃副局长的部下有关。最后，省教育厅派出了以基教处黄处长为首的考察组来南山、宝安两地考察。我当时是南山教育局指派的接待负责人，全程陪同黄处长一行考察了南山。最后，省教育厅确定南山区申报国家课程改革实验区。当时，南山实际上已通过了广东省教育强区的评审，只是未授牌，南山教育的硬条件与软实力已被公认。得益于南山教育十年的努力与积淀，南山教育终于又走上了另一条快车道，那就是课程改革。随后，在李忠俊局长的主持下，区教育局迅速起草成为国家级课程改革实验区的申请，后经市教育局同意后上报省教育厅，由省教育厅再上报教育部。

## 二

2001 年 7 月 20 日，教育部在大连召开会议，正式宣布国家级课程改革实验区启动，贾非副局长参加了会议。巧合的是 10 年后的同一天同一地点，我参加了《国家中长期教育改革和发展规划纲要》教学专题组的讨论会议。

2001 年 2 月至 2001 年 8 月，是南山区课程改革策划准备阶段。在这个阶段，成立了南山区课改领导小组，由时任副区长毛晓碚担任组长，李忠俊、徐作棠（区科技局长）、高圣元（财政局长）担任副组长。成立了区课改领导小组办公室，由贾非副局长担任主任，陶广放副局长担任副主任。2004 年，区课改领导小组调整，由刘晓明局长任主任，我任办公室主任。成立了课改指导小组专家委员会，聘请了西南师大、华南师大、中央教科所、教材教法研究所、省教育厅的专家担任学术委员。成立了南山区课改培训小组，贾非任组长，吴慧鸣、朴昌东任组员。同时，成立了区课改实验各学科指导小组。

2001 年 7 月，我们初步选定了实验教材，并报教育部。教育部对我们选用的教材进行了适当调整，我们选定的中学“科学”调为浙教版，中学“数学”调为华东师大版。调整的出发点主要是平衡各出版社教材的使用面。

在这个阶段，教师培训工作紧锣密鼓地在进行。2001 年 5 月 26 日南山区教育局下发了“关于南山区国家基础教育课程改革实验区教师培训的有关规定”（[2001]34 号）并附“南山区国家基础教育课程改革实验区教师专业发展方案”。

2001 年 5 月 17—21 日，南山区教育局选派李臣、吴慧鸣、邓晋标、袁晓峰、郑秉捷和我去北京参加教育部课改管理者培训班。6 月，我们先后派出唐建新、郑明江、吴熙龙、周筱强等 14 名教研员分别参加教育部小学、中学理科、中学文科实验教师培训。6—7 月，南山区教育局先后举办了 12 期课改通识培训，邀请国内课改专家前来讲学，听课者达 3000 人次。8 月 23 日，南山区新学期校长培训班以课改知识培训为主。8 月 22—26 日，全区 17 个学科新课程标准、新教材教师培训举行，1750 人次参加了培训。

2001 年 9 月 1 日，南山区各公办学校全面启动了课程改革（民办学校次年进入）。由于我们课改启动前的各项准备工作充分扎实，校长、教师对课改有足够的思想准备，保证了我区课改的顺利启动，取得了良好的开局。2001 年 10 月，贾非副局长带队对南山区一个月来的课改情况进行了调研，当时的调研报告是这样描述的：

“校长和教师开学以来能够积极参与课程改革，主动配合区教育局课改办、教研室的工作。新教材在各中小学顺利着陆，各实验学校已开足所有实验课程。符合我区课改‘教材先着陆、教法后推进’的策略。教师们对课程标准、新教材的把握基本到位，课程改革的各项工作已进入常规，基本上达到预期目标。”

这次调研及时肯定了全区师生课改的热情和成绩。同时，也发现和预见了课改过程中存在或可能出现的问题，为下一步的课改指明了方向。

南山区课改启动后，教育部基教司的领导多次来南山调研指导，2001 年 10 月基教司教材处臧爱珍处长在南山待了一个星期，跟踪科学课教学。2001 年 11 月，基教司副司长朱慕菊一行来南山调研，先后在育才一小、海湾小学听了综合实践活动、思品等课。南山既轰轰烈烈又扎扎实实的课改起步立即受到社会的关注。广东省教育厅于 2001 年 10 月在西丽湖度假村召开了全省课改实验工作会议，各市县教育局长、基教科长和教研室主任参加了会议。李忠俊局长和我分别在大会上汇报了南山区课改的思路与做法。2001 年 11 月，省教育厅在南山举办了“课改论坛”，贾非副局长和我分别做了专题发言。2002 年 2 月，教育部基教司在南山区召开了全国课程改革实验区工作会议，肯定与介绍了南山区课程改革起步阶段的工作。

2001 年课改启动时，教育部基教司司长李连宁对禹明说，希望南山课改为全国提供经验

南山课改也引起了媒体的广泛关注，2002 年 11 月中央电视台制作了《聚焦新课堂》专题片 30 集，其中有 4 集反映南山区的课程改革，时任副区长罗敏、时任

教育局长刘晓明、罗楚春校长和我在第一集中谈了对课改的认识或介绍了南山课改的情况。课改以来，各类媒体都对南山课改进行了大量报道。

南山区的课改，从一开始就选准了突破口，一步领先，步步领先。2004 年高中课改启动，由于是全省同时起步，我们就没占到先发优势。我当时强调抓两个重点，一是南山区经历了课改的初中生在高中学习状况的全程跟踪；二是通用技术。后来的事实证明，这两个问题确实成为了教育部和社会关注的重点。但由于多种原因，我们未能做得很好，反倒是长沙市和海口市分别在这两个问题上率先在《中国教育报》见报。

2009 年 3 月，教育部基教司组团前往荷兰参加首届“中国—欧洲基础教育课程发展大会”，我有幸成为中国教育代表团的成员之一，并在会上做了“中国县区的课程管理——以深圳市南山区为例”的报告，向欧盟教育同行们介绍了南山课改的经验，使南山课改走上了国际论坛，我展示的南山区地方教材中，由宋学鸿、李冬久主编的“花卉栽培与插花”深受与会代表的欢迎。

一件遗憾的事是，2010 年 5 月，教育部第一次组织全国基础教育课程改革成果评审，我是为数不多的特级教师评委之一。南山没有材料上报，当教育部几个领导问我时，我百感交集，无言以对。

## 三

南山区的教师，以满腔热情投身到了国家第八次课程改革中的大潮之中，他们的教育观念不断更新，教育使命不断增强，教学方法不断改进，南山区课改方案中提出的“3+3”课改模式，第二个“3”就是指学习方式的转变，我们提倡三种学习方式：探索学习、综合学习和网络学习。随着教师教育思想的开放，师生关系变得亲密，学生的学习方式也发生了预期的变化，南山的课堂教学呈现出了一派生机勃勃的景象。

南山区富有生气和创意的课堂教学以及由此带来的学生学习方式的

令人吃惊的变化迅速得到业界人士的关注与肯定。2001 年 11 月，全国小学语文课改实验经验交流会在南山召开，拉开了我区学科教学大规模对外开放的序幕。2002 年 5 月教育部基础教育课程教材发展中心和全国外语教学专业委员会在南山召开全国小学英语教学交流会。2001—2002 年间，全国中学语文、全国小学品德与生活、全国中学科学、全国中学体育与健康、全国综合课程改革实验研讨会等教学研讨会先后在南山召开。2002 年 3 月开始，人民教育出版社、中央广播电视大学出版社、广东省教研室、广东省电教馆等单位开始来南山拍摄教学录相课，这些教学录相课在中央教育电视台等播放，并由有关出版社在全国发行，南山课改教师也因此走向了全国。

2002 年 9 月，省级课程改革试验区启动，南山成为重点考察单位。据不完全统计，当年就接待来自全国各地的考察团近 5000 人。

课改开始后，体卫艺室的工作出乎我的意料。在邱裕良的带领下，他们在体育、美术、音乐的课改中反应迅速，而且很有成效。当时，我们曾经试图全部开设艺术课，但实际操作时阻力很大，在一、二年级实行两年后就改在个别学校试开，其他学校依然音、美分开。艺术课大面积开设时间虽不长，但还是显示了一定的成效，像王珏等老师确实成了优秀的艺术教师，5 年后，我们资助她完成了专著《艺术教育的感悟》。有外地参观的同行曾对我说，没想到你们的音体美也抓得那么好。的确，音、体、美课程改革的顺利进行保证了我区课改各学科实现了均衡发展。

老师教的方式的变化必然带来学生学习方式的变化。2001 年下半年，李禾田老师曾对全区中小学生学习方法的转变进行了一次调研，写了 6 万多字的《学习方式例谈》，点评了部分学校的案例。如育才中学以人为本，后海小学以学定教，松坪中学反馈教学，松坪小学主体表现，侨城中学自主互动，海湾小学综合学习，南油小学活动学习，向南小学教育超市，南山实验学校网络学习等。足见我区课堂教学改革从课改一开始就已百花齐放。

为了保持广大教师的激情，2003年，区教育局推出了“学科教师挂牌制度”，首批评选出22名挂牌教师。

2002年10月，张效民副局长和我参加了在哈尔滨召开的国家级课改实验区教学工作经验交流会，我俩都在大会上介绍了南山课堂教学改革的经验。张局长在会上提出课改专家不要“高空飞行”，要“超低空飞行”，引起了与会代表的一致赞同。吴萌被“历史与社会”课标组推荐也参加了会议并发了言。2004年12月，刘晓明局长、房超平和我在京参加了教育部召开的课程改革工作会，会议的主题是减负与素质教育问题。刘局长会上发言的题目是“积极深化课程改革，全面实施素质教育，切实减轻学生负担”。

2005年11月，曾令格副局长、潘华东和我参加了在海口举行的教育部全国网络教研经验交流会，曾局长介绍了南山网络教研的经验，华东和我联手做了一次如何开展网络教研的发言。

南山课堂教学方式的变化与我区先期启动，同步配套的大规模、高层次、多元化的教师培训工作是密不可分的。《中国教师报》2008年10月22日头版发表的《培训是教师最大的福利——深圳南山区教师培训工作纪实》一文，足以反映我区教师培训工作的全貌。2003年，在福建南安召开的国家基础教育课改实验区工作研讨会上，刘晓明局长发言的题目就是《强化教师培训，探索多元评价，积极稳妥地推进基础教育课程改革实验》。

2005年代表南山区在教育部新课程网络教研专题工作会上发言

2002年，方星和我被评为广东省

第六批特级教师，成为南山自己培养的首批本土特级教师，2006 年，郑秉捷等 5 人被评为特级教师，全市共评上 20 名，我们竟占了四分之一。这也从一个侧面反映了我区教师在课程改革中专业发展的成果。

## 四

在课改启动时，我对于把综合课程作为突破口并不完全认同，随着时间的推移，我才觉得李局、贾局坚持开综合课程的决定是战略上的胜利。

课改启动前，我前往省、市教研部门征求意见，他们一致主张我们开设综合课程。在市教研室，我几乎拜访了每个学科的教研员，他们都支持我们开综合课。

起初，我对综合实践活动是一头雾水，花了好多时间才弄清大概是怎么一回事。好在贾非副局长很清楚，才没出现战术上的错误。我们请了深圳大学李臣教授主持编写了《综合实践活动指南》，并分年级出版了综合实践活动手册。有了专家引领，有了教师培训，一件看来很难办的事却很容易办成了。刘道溶专门负责综合实践活动，她很敬业，也很有点子，又善于团结学校的老师，一下子就把综合实践活动弄得热火朝天。

如果综合实践活动首先面临的是怎么开的问题，那么中学科学课首先面临的是该不该开的问题了。从中学科学课开设之时起，反对声就不绝于耳，有人大代表、政协委员、家长代表不断上书，批评南山教育局“误人子弟”等等。这种反对与争论一直持续到今天。谁最欢迎中学科学课？是学生自己。2001 年 9 月底，我们对部分学校的初一学生进行调查，结果显示学生一直表示最喜欢的课是科学课。浙江教育出版社曾在荔香中学召开了一次 40 多名学生参加的座谈会（为了获得真实的情况，出版社没有让我们参加）。事后他们反映，学生们对科学课表现出了异乎寻常的喜欢，特别是他们对教材提出了一些建议，更使教材编者感到很有价值。

2006年，对深圳市是否开设中学科学课的争议达到高峰，以致引起教育部基教司的关注，朱慕菊副司长带队来深调研，听取了各方面的意见，并和市教育局领导交换了看法，暂时平息了“停开”之风波。

非常欣喜的是，区教育局对开设综合课程一直保持着清醒的认识和高度的一致。在首批22名课改挂牌教师中，综合学科的老师占到7名，在出国培训、外出考察等问题上，优惠综合学科的老师。

当然，我们很重视对开设中学科学课持不同观点同志的意见，因为他们提出的问题并不是没有道理。我也意识到这些问题，所以在实际操作中，一开始，我就对陈坚强调过，做好初高中的理科课程的衔接研究工作，对初高中学段的理科教学任务要有通盘的考虑和切实可行的计划。陈坚实实在在地落实了这一点。

初中科学和综合实践活动这两大难题都被我们拿下了。2007年的高考，被业界许多人称为政治高考，也是对我区开设科学课的一大检验，是与非，似乎高考一结束便可见分晓。2007年高考，我们再次位居全市之首，特别是理科成绩开始稳步上升。许多准备出声的消失了。我们也松了一口气。但留给我的疑问是：高考成绩是课改成败的唯一检测标准吗?

我知道，关乎中学科学课的开设之争还将争论下去，在国内开设科学课的也仅有浙江与深圳了。后来的事实证明了我当初的直觉，科学课在深圳市坚持不下去。开设科学课是南山和深圳教育一段宝贵的实践，也是一笔财富。教育上的很多改革的是与非，不是一时一事就可以下结论的，若干年后，历史会给予恰当的评价，尽管，我们这些当事人不会看到这种结论。

正是因为综合课程的开设有难度，客观上促进了我们的校本教研。我区校本教研的很多经验就是综合科组在实践中形成后加以推广的。科学课备课的首席教师制，历史与社会的校际合作备课，体育与卫生的专题研究等等，都是校本教研的好形式。2003年7月，教育部召开全国课程改革电话会议，要求我区发言围绕开展校本教研，开好综合课程来谈。刘晓明局长发言的题目是:《建立校本教研制度，促进教师专业发展，全面推动综合课程改革》。当时的初稿中提出我区校本教研的经验是集体备课、案例探讨、专家引领和团体互助。在正式发言中教育部审定修改为：实践与反思，交流与互助和专业引领。

## 五

2003 年，教育部下发了《国家基础教育课程改革实验区 2004 年初中毕业考试与普通高中招生制度改革的指导意见》，全国 17 个国家级课改实验区在 2004 年进行中考改革。南山区 16 所初中的 4290 名毕业生将参加实施新课程改革后的首次中考。我区这次中考中招改革的主要内容有以下三个方面：一是以等级呈现学业考试成绩；二是对全体毕业生进行综合表现评定，并将评定结果作为高中阶段学校招生录取的依据之一；三是高中招生改革。按照《指导意见》减少考试科目的要求，我区 2004 年统一考试的科目确定为五科：语文、数学、英语（含听力）、科学、历史与社会，考试形式为闭卷笔答，政治、科学实验操作、综合实践活动、英语口语、艺术（音乐、美术）、体育与健康等则为考查项目。考查项目由全区统一下发指导意见，由各初中学校负责自行组织，考查成绩作为对考生进行“综合表现评定”的依据之一。

深圳市成立了以主管教育的副市长为组长的初中毕业与高中招生制度改革领导小组，对我区的中考中招工作做出了专门规定，对南山区实行“三单政策”，即实行单列招生计划、单独命题、单独组织考试录取的特殊政策。

为了做好 2004 年中考工作，我们做了大量前期工作。周新森科长和我带队专程考察了香港中三升中四时的详细做法。

基教科、教科中心分别召开了初中毕业班的教师、学生、家长以及社会各界人士的座谈会。组织部分人大代表、政协委员召开座谈会，请他们发表对改革方案的建议和意见。

我们对关系到考生切身利益的一些重大问题进行了问卷调查。例如，我们就综合表现评定等级划分的问题，提出了四种方案组织问卷，最后根据对1300位毕业班教师、考生和家长问卷调查的结果，确定了综合表现评定等级划分的办法。

我们在区内组织校长、教师和教研人员对中考改革方案进行多次论证。接着，我们还邀请省、市教研、考试部门及有关高校的专家对方案进行研讨、论证。然后，将修正后的方案返回学校征求意见。2004年3月，省教育厅副厅长刘育民率基教、招生、教研等部门负责人会同深圳市教育局有关领导再次专程来南山，最后敲定了南山区中考改革方案。

方案确定后，我们编写了《深圳市南山区2004年高中阶段学校招生考试工作宣传手册》、《2004年深圳市南山区初中毕业生升学指导》，免费发放，还编写了《深圳市南山区2004年初中毕业生综合表现评定方案》等指导手册。

初中毕业生综合表现评定是个新工作，没有经验，也没有可借鉴的材料。这些工作牵涉到家长、社会等方方面面，真有点如履薄冰之感。这件工作是由周新森、邱裕良和吴熙龙主要负责的。他们日夜辛劳，在教育部有关专家的指导下，在学校反复调研，确定指标项目。为了确保综合表现评价顺利进行，南山区成立了2004年初中毕业生综合表现评定工作委员会，下设指导小组和监察小组，由区人大代表、政协委员、监察局干部、家长、教师代表参加。各初中成立由校长、教师代表和家长代表组成的学校评定工作委员会，并相应成立学校评定小组、学校监察小组和信息技术小组。2004年4月12—23日，我们又在蛇口学校初中部精心组织了毕业生综合表现评定试点工作。我们用点的经验指导全区工作，使南山区的综合表现评定平稳实施。中考结束后，没有收到一例投诉，使得我们事先制定的应付投诉的预案没有派上用场。教师、家长、学生的认同率分别达到88.7%、80.8%和75%。首次初中毕业生综合表现评定为2004年启动的高中课改要求的高中毕业生综合表现评定打下了很好的基础。而周新森、邱裕良和吴熙龙也成为了学生综合表现评定的专家，开始应邀在各地讲学。

至于高中自主招生改革，则完全没有实现。在讨论中，高中校长不愿意承担自主招生的责任，而市招生办也不愿意贸然放权，以免引起不必要的麻烦。此项改革，只好留待时机成熟时再做了。

## 六

上有局领导，下有学校教师，“上窜下跳”的是教科中心。

在教科中心成立十周年座谈会上，我是这样评价教科中心这支团队的：领导重视关心、支持是中心发展的坚强后盾，持续创新是中心发展的不竭动力；规范的管理是中心发展的坚实基础；和谐的工作氛围是中心发展的重要保障。历任局领导都最大限度地发挥了教科中心的参谋作用和引领作用，为教科中心的发展提供了最好的平台。

课程改革，改变着、成熟着教科中心的每一位老师。他们能上课，会评课，善于创新教研活动方式；他们有实践，有感悟，在各级讲坛上有自己的见解。他们在南山课改中发挥了重要的作用。2003 年 7 月 7 日，刘晓明局长在全国课程改革电话会议上发言的第三部分就是“转变教研机构的职能，促进课程改革的持续发展”，重点介绍南山区教研工作的经验。我常常为有这样一支由享受国务院或市政府特殊津贴专家、特级教师和学科专家组成的教研队伍而感到自豪：他们中有 8 人是广东省学科教学指导委员，3 人担任深大师范学院兼职教授，4 人是教育硕士导师，9 人是市中学教师继续教育主讲教师，4 人是市校园长培训班主讲教师，5 人是教育部聘请的相关项目专家。他们把南山课改的经验传递到了全国各省市，他们的课改故事可以另外写成一本书。

教科中心组织编写了各种教师、学生辅导用书 69 种，丛书 6 套。据统计，截至 2006 年 12 月止，个人出版了专著 43 本，个人出版教学辅导用书 100 种，省级以上发表教学论文 538 篇，主持市级以上科研课题 36 项。近 10 年来，教研员应邀到 20 多个省市讲学 200 多次。陈清容和我都有一本专著获得教育部全国优秀课程资源奖。

2003 年，张效民副局长和我主编的《新课程课堂教学案例丛书》至今仍是国内学科最完整的教学案例丛书；2004 年，刘晓明局长主编的《新课程、新中考》是国内第一本从实践层面上谈中考改革的书；2005 年，曾令格局长和我主编的《新课程课堂教学设计丛书》获深圳市优秀课程资源一等奖。

昆明市教科院领导在南山区教科中心参观后对我说，你们做了那么多事，编了那么多书，这是一个省级教研室才能做到的呀。他们的评价多是溢美之词，但从一个侧面反映出教科中心的同志们在课改中付出的心血和在国内产生的影响。

## 七

创办南山二外，对我来说是一次意外的挑战。

2002 年底，罗敏副区长和刘晓明局长率队去上海进行教育考察。他们对上海市静安区教育学院（相当于我们的教科中心）办附属学校非常感兴趣，回来后即决定将正在兴建的海珠学校改成区教育科学研究中心附属学校，由教科中心承办。2004 年 3 月，教育局将附属学校定名为“南山区第二外语学校”，决定当年招生开学，并由我、方涛、李莹三人组成筹备组，4 月，梁祝参加筹备组。对此任命，我并无足够准备。记得我们做的第一件事就是向全国招聘校长，但 50 多位应聘者中居然没有一人被我们看上。当时我动摇了，多次建议改由实验学校或育才集团去办，但领导不同意。最后，我倒被任命为校长。

1997 年和 1998 年，局领导曾两次决定由我接任南山外语学校的校长，都被我婉言谢绝。为什么这次我没有谢绝呢？我曾经想过招聘或转让，但都没有成功。南山二外定位为区教科中心附属学校，是效法上海静安区教育学院附属学校的模式，两个法人单位的法人由一个人担任。

禹明（后左一）陪同英国克诺顿市教育访问团参观南山第二外国语学校，
后右二为时任南山区副区长罗敏

在没有合适的人担任校长时，我只能服从安排。这也是从教科中心的利益与威信出发。

一个人负责两个单位的工作，而且学校是一所新办学校，可想工作难度与负荷之重。但 5 年下来，我并没有感到太沉重，反倒是有些游刃有余之感。为什么有此感？一是领导支持。罗敏副区长、晓明局长、效民主席及曾局都很关心支持二外。效民主席常常戴着安全帽深入工地，解决二外的建设问题。二外的教学楼靠近滨海大道，噪音严重，张局找到有关部门，筹集 60 万，赶在开学前装上了双层玻璃，解决了噪音问题。二是教科中心同仁支持。教科中心同仁是一批能干会干的人才，他们会把自己的工作做到极致，无需我过多操心，让我做到无为而治。三是二外的教师队伍挺棒，他们会在认同我的办学理念的基础上创造性地把学校工作做好。试想，如果没有他们，二外能办好吗？

创办二外，领导给予的任务很重。他们希望二外坚持素质教育，在最短的时间内成为南山教育的一扇窗口。在局领导的关心下，我们进行了准包班、课程整合、九年一贯的衔接、民主办学等一系列实验。开办三年后南山区参加教育部组织的学业质量检测，二外学生的学业成绩及其他指标已经名列全区前茅，教育部基教司朱慕菊副司长在南山区学业质量检测结果报告会上提出 8 号学校（南山二外的代码）是一所值得研究的学校，表明了他们对这所学校的肯定与期待。作为创校校长，我不想过多地评论二外，功与过，还是留给岁月去评说吧。但教科研部门办附属学校，南山区在全市又是第一家。很遗憾，我退休后，二外不再是附属学校了。目前，深圳市教科院决定办附属学校（在坪山），福田区教科院已经办了附属学校。

创办二外，是我教育生涯中的一段宝贵经历。“文革”期间曾做过 3 年的小学校长，但那只不过是玩意儿事。二外的 5 年是我学习学校管理的 5 年，是将我的教育理念付诸实践的 5 年。我学到的东西远远超过以往。这 5 年是我教育生涯的高峰。

# 我的目光从来没有离开过育才和国际学校

陈难先

陈难先，原蛇口工业区教卫办主任、育才中学校长

## 一

1979 年，招商局蛇口工业区创办后，来自全国各地的建设者相继涌到这个曾经“名不见经传”的小渔村。他们怀揣着创业梦想的同时，也带来了不少要上学的孩子。到 1982 年时，工业区要上学的员工子弟就有三四百人。他们只能走上半个多小时的路，到蛇口中学和当地人叫“渔民小学”的蛇口中心小学借读。当时的道路不好走，而且老师讲课都用广东话，95% 以上的学生听不懂广东话，学习效果可想而知。

在这种情况下，为员工子弟建所用普通话授课的学校，就成了当时管委会主任袁庚心头的大事。1983 年 4 月，袁庚派人找到当时在工业区企业干部文化培训班任教师的我，动员我出任校长，筹建名为“育才学校”的工业区子弟学校，并明确学校将于当年秋季开学。

从走马上任到开学迎新，其间只有短短几个月时间。能看到的只有一栋正在建设中的教学楼，其余空无一物，除了满腔干劲和特事特办的

效率。

办学校必须有师资队伍，筹建的第一步就从招聘教师开始。当时大家给我出主意，说幼儿园老师可以从打工妹中挑选。果然，工业区从三洋厂、凯达厂招了十几个高中学历的女孩子，送出去进修，回来做了幼儿教师。我从中选出一个女孩子，培养她做了小学老师。现在，这位叫何锦仪的老师，已经从育才二小退休了。

“现在的新办学校招教师，只要在面向全国教育界发行的报纸上登登招聘广告，求职信就会像雪片一样飞来。校长从中挑选出条件好的求职者，通知来深圳面试就行了。那时候特区初建，还鲜为人知，不像现在这么有吸引力。而且资讯也不像现在这么发达，大家脑子里根本没有‘打广告’的概念。”我们能做的，就是发挥集体的力量，发动来自全国各地的干部职工和他们的亲朋好友推荐人选，然后上门面试。

育才学校最初的教职工

好在工业区提供了“一路绿灯”的尚方宝剑，派了位人事干部和我一道，拿着一本商调函就上路了。商调函的公章都盖好了，只要一定下来，老师就可以马上赶到蛇口报到、上户口。即使这样，招聘教师之路仍不平坦。有的老师在苦口婆心的动员下，还是犹豫再三，下不了决心离开家乡到深圳工作；有的老师当时不管怎么做工作，其工作单位就是不予放行。更有想不到的困难是，当时深圳已经取消粮票，到外省面试老师时，没有全国粮票。有一次在青岛，只收全国粮票，有钱都不能上饭馆，只能吃路边的烤白薯。我们出差 20 天，走访了 15 个城市，为育才学校招来了第一批教师。

1983 年 8 月 28 日，育才学校宣告成立。校舍是一座三层教学楼，四周环绕着杂草荒地。课桌椅是香港一所学校淘汰下来的，费了好大功夫，找来江西的一家工厂为我们修理，后来又制作新课桌椅。460 名学生从蛇口镇回来上学，总计有小学和初中 15 个教学班。学校仅有 46 位教职工，生活和工作条件都非常艰苦。

当时蛇口还没有文具店，买粉笔、纸张等教学用品要到南头的书店里去买。当时学校也没有办公用车，大家只好骑着单车去采购。去一次又极不方便，除了坑坑洼洼的泥路，就是成片的荔枝林，下雨天就变成一片泥塘，买试卷纸要在荔枝林里拐来拐去地骑上很长时间。

早期的教职员工们大多被安排在水湾头和荔园的新建宿舍里。那时候，南方湿热的气候使宿舍里蚊子、苍蝇、蟑螂、老鼠随处可见。这一点，尤其让来自北方的老师感到恐怖。1984 年，蛇口工业区与北京东城区教育局达成协议，由后者从北京景山学校、北京二中、五中、五十五中等重点学校选派骨干教师，以借聘形式在育才学校工作，来加强师资队伍，提高教学质量。哪曾想，欢天喜地地把这些来自京城的优秀教师接来的第二天，就听说几位女教师头一天抱头痛哭了一晚上。起因是，她们带在路上没吃完的饼干、点心上，全都爬满了蚂蚁和蟑螂……

不过，令人欣慰的是，虽然工作和生活条件非常艰苦，但学校的人文环境很好。大家来自全国 20 多个省市，没有排外情绪，没有小集团、小派系。老师们都是我亲自招聘的精兵强将，如一匹匹良驹，不用扬鞭自奋蹄。

我是学英语出身的，非常重视教育的国际化。在育才学校创办之初，我就提出了这样的办学理念：培养与资本主义打交道的人。我提议育才小学学生从一年级开始学习英语口语，还为三年级以上的学生引进了香港牛津版的英语教材。虽说现在深圳的中小学，使用牛津版、朗文版的英语教材早已不是什么新鲜事儿了，可在当时，这种大胆的行为还是在教育界引起了不小的震动。市教育局英语教研员一度说我“非法”，我用国家教育大纲才证明教改的合法性。

1989 年，我到美国俄克拉荷马州华盛顿中学访问。为了让兼容并蓄的育才中学吸纳更多的国际元素，也为了给同学们直接感受异域文化提供方便，当即邀请了一位美国高中生到育才中学做国际交流生。这位中文名字叫班定远的美国男孩，不但是育才中学接收的第一位外国学生，也是深圳市第一位国际交流生。

性格开朗、热情活泼的班定远在育才中学生活了半年。这半年，他居住在育才中学学生王正光的家里。王正光与班定远年龄相仿，兴趣相投，都对绘画有着浓厚的兴趣。所以两个风华正茂的男孩子相处愉快，时常相伴出游，互补中英文，结下了深厚的情谊。

2007 年 11 月 24 日，在纽约一家建筑事务所任工程师的班定远携妻子，再度回到育才中学探访，追忆 18 年前在这里度过的年少时光。而陪伴他度过那段时光的王正光，现在已是深圳大学艺术设计学院的教师。当年两个对绘画有兴趣的少年，如今都从事着与艺术相关的职业，也都建立了幸福的家庭。在育才中学校园的大榕树下，他们两家人拉着我合影留念。

随着蛇口的发展和在校学生数的激增，育才学校办学规模逐年扩大，我历任蛇口育才总校校长、校董会理事、督学直至蛇口工业区教卫办主任。我退休后，又被育才教育集团总校校长刘根平聘请为名誉校长。

20 多个年头，无论工作岗位、环境怎样变化，我关注的目光从来都没有离开过育才学校：20 世纪 80 年代，我为学校建起了游泳池，建起了科技大楼；20 世纪 90 年代，学校不断拓展校区，不断扩大规模；

第一个洋学生班定远携妻子重访育才

（右四为陈难先，右三为时任育才集团总校长刘根平）

新世纪之初，我又看着学校成为囊括 7 所学校、4 所幼儿园、社区学院等十几个成员单位的大型教育集团。

## 二

1988 年，育才中学的学位还远远未满，教室和办公室多有闲置，我与国际学校交往就从这个时候开始。

一天蛇口工业区总办打电话给我，要我与中海油的一位先生商谈国际学校之事，尽量给予支持。当时来访者姓甚名谁早已忘却，反正为了工业区和南海石油事业的发展，我答应了对方的要求，无偿为他们办学提供教学和办公的场所。

蛇口国际学校是由一家总部设在美国普林斯顿的 International Schools Services 公司（ISS）负责管理的，学校产权属于四家中外合资石油公司。ISS 在全世界管理了 200 多所国际学校，但是没有自己拥有产权的学校。这是 ISS 的理念。

蛇口第一家国际学校就这么办起来了，在育才学校中学部校园内，将教师办公区五楼一部分借给他们使用。因为办学伊始蛇口国际学校的规模相当小，只有 2 位教师（一对老夫妇）、4 名学生。他们在育才学生上课时安排室外活动和休息，所以“校中校”的双方相安无事。

后来为了学校的发展，也为了家长们的方便，他们在碧涛中心南侧租赁了房屋，将学校迁到了新址。这个地段后来成了酒吧集中的地方，号称“蛇口的兰桂坊”。在这里，国际学校才正式对外亮出了“蛇口国际学校”（Shekou International School，简称 SIS）的招牌。学校隔壁是著名的“蛇窝”（Snake Pit），一家会员制酒吧，当时许多西方人工余时间在这里聚会。这些会员不少就是 SIS 的学生家长。

1996—1998 年间，我出任蛇口工业区南海石油办公室主任，与中外石油公司打交道，为他们提供无偿和有偿两类服务。这个时期是和 SIS 关系的第二阶段，交往更多了。SIS 是由 CACT、阿科、菲利浦斯和阿莫科四家中外合资的石油公司联合经办的，四家公司派出代表组成校董会，为最高权力机构，校董会主席由四家公司轮流担任。当时，阿莫科（AMOCO）是轮值主席，其总裁 Bryan 任主席，具体负责 SIS 校董会事务的是 Dean，他们多次与我谈论 SIS 的情况。我常去 SIS，其时学校已从兰桂坊迁到鲸山别墅区内。

时任校长 Bruce 是一名犹太裔美国人，为人谦和，有事业心，办事讲效率。交往久了，相互有了了解，讲话可以很随便。蛇口国际学校创建在改革开放早期，许多新政策尚未出台，当然还没有《社会力量办学条例》，政府管理比较宽松，SIS 根本没注册就开办了。十来年下来，SIS 已成为广东省建校最早、学生最多的一所国际学校。

我有一次问 Bruce："你们学校为什么还不办理注册登记？"他对我讲了真心话："注册之后，担心政府会来干预学校事务。"知道外国人不了解们中国，想一下子让他们理解不容易。但外国人法制观念强，我就以此为切入点，对他说："SIS 没注册办学属非法，非法状况持续已十来年了，政府有没有来干预。尤其是，政府是否无理干涉了呢？"他回答道："没有。"我又追问了一句："非法办学状态下都没有干涉，那还会对合法办学的 SIS 横加干涉吗？"Bruce 茅塞顿开，脸上绽放出真诚的笑意。我就这样把一位外籍校长说服了。

不久 Bruce 告诉我："校董会同意向政府申请注册登记，希望得到你的帮助。"我告诉他："定当尽力。"为此，我多次去广东省教育厅，还将省厅政策法规处陈纲处长和李永忠科长接到蛇口实地视察，办学申请正式启动进入程序。为了填写申请报告，一次次对 Bruce 细加说明，但是经他传到阿莫科经办人那儿时，不是走了样，就是经办人不理解，填写的表格就是通不过。

于是，我干脆接手为他们填写中文版申请，再由石油公司雇员译成英文。省教育厅对 SIS 十分重视，很快将申请文件上报国家教育部，并顺利地获得批准。SIS 成为深圳市第一家合法注册的国际学校。

外国人也有情有意，校董会主席 Bryan 和几位董事，特地在南海酒店设宴向我致谢。席间闲聊，涉及新奥尔良的城市问题，我说了一些对该城市的了解。其实我并没去过那里，这使他们感到惊讶。我告诉他们，一切都是从《美国国家地理》杂志中获得，爱读这本英文杂志。说者无意，听者有心，Bruce 先生专门订了一份《美国国家地理》，赠送给我阅读。现任校长 Robert 得知此事后，又继续赠阅这本杂志。

有一天，我去 SIS，校长 Bruce 领我去看新近从美国运来并安装好的篮球架，他告诉我 NBA 就用这种牌子。球架应该说档次极高，可惜球场很不正规，只有半个球场大小。看来 Bruce 不只是向我炫耀篮球架，更是对我叹苦经。

他对我说，学生日益增加，活动场地实在太小了，无法满足办学的最低需求。小区内有一条自然状态的山涧，平时干枯，杂草丛生，蛇鼠出没，蚊蝇孳生。只有雨季来临，山水下泻，这山涧才发挥排水功能。

校长希望将山涧填平，既可改善小区环境，又可解决学校场地不足之苦。这事超出我的权限，我听了只能点头称是，即便内心十分赞同，也不敢贸然允诺。回到办公室，我立即与招商地产公司副总经理王铿联系，和他商讨 SIS 校长的提议是否可行，相约三天后到现场实地察看再定。

第三天，我与王总依约来到鲸山别墅区，站在小区内涧边商谈。要填土，必须先在涧底修建一条排水暗渠或涵管，确保山洪得泄，然后才能将山涧填平。工程量不小，还得请专业人士设计。Bruce 先生看见我们在涧边指指点点，知道是为几天前所说的事而来，一路小跑来到们身边，向王总诉说他的苦衷与热望。

校长的言辞和情感着实令人感动，王铿总当即表态：此事一定办好，请放心。招商地产言必信，行必果，工程很快启动，不到半年时间，山涧变成了一片草地，SIS 的学生可以在上边做游戏、踢足球了。Bruce 先生笑了。（2007 年，Robert 校长将这块草地改建为一个小型的运动场。）

SIS 的校长一般 5 年一任，Bruce 从印度尼西亚首都雅加达调到蛇口，任满之后又去法国巴黎履新，那是一所比 SIS 更大的学校。接任的是 Joanna，一位老太太，从东京调来。她的 5 年是 SIS 平稳发展的 5 年，规模有一定扩大。其时我已经调离南油办，重新接管教育卫生口，石油公司和 SIS 已非我的职责，但是情感使然，我依旧关心 SIS，与 Joanna 保持联系，参加学校的各种活动。有一年全国若干所国际学校举办学生摄影绘画联合巡展，在 SIS 展出的开幕式那天，大雨滂沱，我打着伞去参加，浑身湿透，Joanna 见了非常感动。

小教堂后边一栋教学楼，是在 Joanna 的任期内建成的。在高档别墅区内增建教学楼，有地政、环保和居民等诸多问题，难度很大，最后一一都得到妥善解决。虽然这栋小楼杯水车薪，解决不了 SIS 发展的根本问题，但至少解决了他们的燃眉之急。虽然深知 SIS 办学困难之所在，但是我也没能力彻底帮助他们解决场地不足的问题。

为此，我曾向分管教育的罗敏副区长反映过，希望政府能够帮助国际学校。据了解，当时蛇口工业区开发海上世界地块的方案，市国土局要求留出大约 2 万平方米土地用于教育卫生。这块教育用地是为小区配套的，一般是用于建公立中小学。在华工作的外籍人士应能享受国民待遇，那么配套用地也应该可以用来建国际学校。但是用地的解释权在市国土局，我希望罗区长向市里反映。

我同时还和罗副区长探讨：如果按市国土局要求，必须建公立学校的话，可否做到：1. 公立学校只建一栋教学楼，用天桥与海湾小学相联，扩大该校以应小区学位之需，余下的地可以建一所功能齐全的国际学校 ;2. 建一所公立学校，留一小块土地建国际学校，运动场地与公立学校共用。当然，前一方案最好。罗副区长听了之后，曾表示可行。后来这件事因开发项目暂缓而搁置。

SIS 和 QSI 两所学校的校长至今还在不断询问此事的可能性，所以南山区政府和区教育局还要关注这块土地的开发与使用以及国际学校的需求。到 Joanna 离任时，SIS 在校学生已有百人上下。

接任 SIS 的校长叫 Robert Dunseth，2002 年他到任时，我尚未退休。

由于育才学校移交给南山区政府了，我改任蛇口工业区社区教育顾问，国际学校又一次进入我的工作视野。

Robert Dunseth 校长到任后大刀阔斧地开展工作，学校有很大变化，发展很快。SIS 的高中部不久便成立了，工业区将一栋用于储物的山顶小楼腾出来，给 SIS 作高中教学楼 . 市教育局彭尧处长和南山区教育局刘根平副局长出席了高中部启用剪彩仪式。

Robert 到任后，立即在人事上做出重大调整，步子大了一些，也急了一些，遇到一点问题。他来向我求助，希望为他推荐一位熟悉蛇口和南山并且英语流畅的助手。我对他说："只有一个人选，符合你的要求。她曾在一家美国大企业驻深办事处担任总裁秘书，组织过国际论坛。办事处撤离后，我将她介绍给石油公司，因为过于资深而未能见用，至今赋闲在家。但是，她家庭十分富裕，肯不肯干，尚未可知。"当然，我还是成功地动员 Lisa Ge 出山工作，成了校长的得力助手。

我还主动向校长建议，SIS 需要聘请法律顾问和会计师事务所，而且最好延聘境内的中国机构。Robert 听取了一半意见，聘了一家香港的会计师事务所，没请法律顾问。可是没想到，这家会计师事务所居然解决不了一个财税问题，学校面临巨大的法律压力。Robert 又一次向我求教，我指出他不用境内的中国公司绝对不明智，而今必须立即聘请律师，通过司法途径才能解决问题。

应学校的请求，我推荐了一家著名的律师事务所，聘用了一位资深的律师，着手办案。经过大约两年时间，最后得到圆满解决，避免了巨额经济损失。我之所以竭尽全力帮助蛇口国际学校打官司，是因为这官司事关境内所有国际学校的生存与发展，我有责任使判决成为一个正面案例。这个目的，实现了，我很开心，虽然有关管理部门并不知道，受惠的学校和学生不会晓得，但我做了一个公民应该做的事情。

为了 SIS 的进一步发展，Robert 校长一直在寻找场地。招商国旅从蛇口迁往市区后，其办公楼马上被校长看中。该楼与鲸山小区毗邻，十分理想。SIS 很快和招商地产签约，租用原招商国旅大厦作为新校舍。

由于招商局内部的种种问题，致使合同无法兑现。过了好几年，这栋空置的大楼依旧不能启用。为此我找过有关负责人，最后结局很是圆满。

为了不影响学校的发展，Robert 校长只能另谋他途，这才有了南海玫瑰二期小区内的“海边校园”（Bayside Campus），初中和高中迁到了新校舍。虽然，这个校园远离原来的校园（Hillside Campus），而且遇到小区居民反对以及物业管理方面诸多纷扰，但是毕竟让 SIS 增加了学位，突破极限，大大改善了办学条件。2003 年 11 月我退休前，SIS 成立将近 15 年，学生约 110 名，现在有了 700 多学生。

在 Robert 校长任期内，SIS 得到长足的发展，在中国办国际学校的势头很好，加上石油公司大规模本土化后外籍雇员锐减，有退出 SIS 的意愿，ISS 理性地改变了他们的经管理念，决定收购蛇口国际学校。

我通过秘书告诉 Robert，ISS 必须在中国注册一家公司，这家公司才可以以收购学校或新建学校的方式办学。从此，SIS 成为 ISS 拥有的第一所国际学校。ISS 要在亚洲拓展市场，寻找办学的机遇。在 2005 年前后，Robert 校长通过他的秘书告诉我，他想聘请我当领薪的顾问，每周去两、三个半天，条件是不能再为其他国际学校服务。经过思考，第二天我谢辞了。

我告诉他的理由是，与 SIS 和 QSI 两校交往多年，上自总裁，下至校长、秘书，都成了好朋友，所以不能为了一份收入可观的工作就不顾朋友了。我表示，愿意继续免费为两所学校当顾问。

相伴 SIS 走过了近 20 多个冬夏春秋，ISS（International Schools Services）的海外拓展部副总裁 Adams 夫人和 SIS 的 Robert 校长多次向客人介绍，称我是 SIS 的老朋友。去年感恩节晚餐会上，Robert 校长对许多人说：“Mr.Chen is our old friend, oh no, he’s not old, he’s our long friend。”

## 三

科爱赛（蛇口）国际学校（QSI）是蛇口地区第二所为在华外籍人士子女服务的学校。我与这所学校的关系，也是从办学伊始就建立的，而且是筹划引进这所学校的发起者之一。

到了21世纪后，在深圳市和周边城市工作的外籍人士越来越多，外籍人士的结构呈多样化，他们对子女入学的要求也呈多样化。例如：以汉语学习为重者，他们将子女送进附近公立学校；以母语学习为重者，为子女建起“日本人学校”、“韩国人学校”；以英美学制为重者，又有了对学费高低的不同需求。2002年某一日，以Robert Fitsch为首的5位外籍人士，来办公室找我，和我讨论办一所低收费国际学校的可能性。他们代表了一大批中低收入的外籍家庭，尤其代表多子女家庭，表示SIS每年1.6万美元的学费和一次性6000美元的捐助，无法承受。他们说，石油公司同意员工报销学费，我们不是总裁,CEO，没处报销。对此我非常理解，表示支持他们的动议。6人约定日期赴珠海考察QSI珠海国际学校。

珠海市政府出于经济发展的目的，对珠海QSI国际学校十分重视。一位分管教育的女副市长亲自督办该校项目，责成市教育局协助QSI办理注册申请。我们前去考察时，学校只有9名学生，教学、办公、活动全在一栋三层大别墅里。虽然学生不多，场地很小，学校办得有条有理，很有生气。他们的办学理念和孔子的“有教无类”“因材施教”十分相近。学生入学有水平测试，但不影响录取。根据测定水平，安排学生的学习。

例如，一位学生英语为三年级水平、数学则有四年级水平，学校可以安排学生到三年级上英语课，到四年级上数学课；也可能为他补习英语，使他尽早跟上四年级。QSI的学费相对比较便宜，大约1万美元左右。考察回来，众人意见很一致：对 QSI 比较满意，下决心将其引入蛇口。

2002 年，蛇口 QSI 国际学校在龟山别墅区租赁一栋别墅办起来了。开学非常低调，只有 22 名学生和家长出席开学典礼。学费每年 1.02 万美金，比 SIS 少收 5800 美元，而且不收赞助费。QSI 办学情况在外籍人士间口口相传，学生快速增加，不久办学场地从一栋别墅增加至三栋。由于别墅分散在小区里，相互又有一定距离，参观 QSI 时上楼下楼、七拐八转，显得有点杂乱。学校发展势头很好，但是遭遇“非典”，校长是个胆小鬼，居然带着妻儿不辞而别。多亏 QSI 总部领导有方，及时人事调整，一线老师忠于职守，学校没有出现混乱。

QSI 的总裁 James E. Gilson 第一次来蛇口，他就要求见我。我向他提出：QSI 在蛇口办学，应该及时做好办学的注册，要取得合法地位。他很重视我的意见，并对有关人员作了布置。他向我询问了“觅地建校”的可能性。

据他介绍，QSI 自己建了不少学校，有的学校建得很有规模，也很漂亮，例如科威特和安曼的学校。他还给我看了有关照片。QSI 是一家非盈利办学机构，所谓“非盈利”不是没有利润，而是盈利不得分红，不能装进投资人的私人腰包，只能用于滚动发展，用于改善办学条件和提高教工薪酬福利，总裁也只能领一份工资。

我答应，他的问题会向有关部门请示汇报，下次再给答复。他再次来蛇口时，经我出面联系，市教育局刘卓铿副局长会见了 QSI 总裁 Gilson 先生。他向刘局长提出，QSI 愿出资 50 万美金在蛇口或附近地区建校。刘局长收下了 QSI 的材料，表示他理解 Mr. Gilson 的要求，并会向市政府反映 QSI 意愿。由于刘局长第二年调到文化局任职，事情便断了线。

后来，梅那·郁西博士（Dr. Maynard F Yutzy）接任校长。他是一位有经验、有事业心和责任感的老校长，很快把学校教职工调动了起来，内抓教学，外抓宣传发展，QSI 再一次快速发展。显然学校需要更大更好的发展空间，我联系招商地产有关部门和负责人，为 QSI 租赁碧涛中心的场地做协调，最终促成签约、搬迁。QSI 以全新的面貌出现在蛇口热闹的街区，学校集中在大楼的两个楼面上，办学条件有了明显改善。接下来若干学期，QSI 逐步扩大，我帮助他们请招商地产做好大楼内其他单位撤离工作，最终实现大楼为 QSI 独家使用。

Dr. Yutzy 是一位善解人意、极容易沟通的老人。不久，我就向他提意见和建议了。第一个建议是：注册申请工作要抓紧，Mr. Gilson 的安排要尽快落实。第二条意见是：第一任校长没职业道德，弃师生和学校于不顾，QSI 用人要注意人品。老人同意我的意见，并答应抓紧注册。

后来他告诉：QSI 远东地区和中国办事处设在珠海，办事处秘书是珠海的某小姐。这位女士去省厅办理申请，态度生硬、言辞简慢，致使工作陷于僵局。校长马上更换办事人员，经过一段时间沟通，注册工作走上正规。最终，被告知：教育部批准了他们的注册。

蛇口 QSI 国际学校在校生很快达到 200 多人，在 QSI 系统全部学校中学生总数名列第二，仅次于乌克兰基辅的 QSI 国际学校，第二年有望成为第一名。果然 2005 年在校生超过 300 大关，当上了“冠军”。学校的发展势头锐不可挡，学生人数年年攀升，2007 年上半年学生总数超过 700。

QSI 总裁 Gilson 先生一而再、再而三地训示蛇口学校，要求学生数超过 500 人即开办第二所学校，以免影响管理质量。由于国际学校办学注册太困难，审批几乎近于停止，Dr.Yutzy 只好“将在外君命有所不受”，任凭学校膨胀。这是我国政府和教育部门要重视的一个问题，不是我的热心能够帮助得了的。

QSI 了解中国有许多地方对国际学校有需求，有意在其他省市和本省其他地区设点办学。我叮嘱他们注册成立一家公司，合法地办学。据我所知，他们先后在武汉、重庆、苏州等地成立了 QSI 学校，东莞长安的 QSI 已有了二三十名学生，可能还有不知道的。我在网上查了广东省内已获教育部批准办学的国际学校，只有珠海的QSI，而蛇口QSI却榜上无名。蛇口QSI怎会未注册呢，这是个问题。我多次向校长本人及其秘书谈QSI必须注册，取得合法办学资质。他得到提供的信息后，上网核实QSI，觉得问题严重。因为省教育厅早已通知，蛇口QSI已获国家教育部批准，他们也有点蒙。我建议他们马上赴广州到省厅查询。省厅冯副处长告诉他们：蛇口QSI确已获得国家批准，是网上信息有误，省厅已经发现，会向部里汇报，请求更正。

Dr.Yutzy身兼蛇口QSI校长和QSI远东地区及中国办事处主任两个职务，工作压力太大，眼看着这位老头越来越消瘦，精神倦怠。我看在眼里，很心疼这位老人。我向他提了一个建议：请你告诉Gilson先生，蛇口QSI应与QSI办事处分开了，规模太大，你一个人管不了这么多，也管不好。另派一位校长，你就担任专职主任，负责发展和协调。还建议将办事处从珠海迁至深圳，便于工作。珠海QSI至今只有二三十名学生，已经无资格充当领头羊了。我的建议可能正好和Mr. Gilson的看法一致，校长Britt Brantley于2006年到蛇口QSI任职，Dr. Yutzy不再担任校长。2007年下半年，Dr.Yutzy搬到校外的办公室上班了，我专门请去他新办公室祝贺。

## 四

由于20多年来和蛇口两所国际学校的密切关系，市区两级教育部门有关国际学校的事都会找到我。2003年，深圳市教育局教科所负责撰写“深圳市国际学校调查报告”，张彦玲所长请我协助执笔人叶文梓博士。对此，我义不容辞，参加了多次会议，安排并陪同执笔人走访学校，提供蛇口两校的全部资料，成了一名教科所编外工作人员。此文后来后收入2003年深圳市教育蓝皮书。

南山中加学校成立后，区教育局领导拟率领彭建华和有关人士参观蛇口国际学校，局办公室兰主任电请我代为接洽。我与中加学校打过两年多交道，与彭总和兰主任是老相识。当年中加学校到南方开拓发空间，去了江门看上了一块面积 800 亩的土地。此地属于招商局港务公司的一家子公司，所以经理建议他们应该到蛇口办学，那儿条件更好。

就这样，中加学校来到蛇口，我协助陈毅力总助代表蛇口工业区与彭总、兰主任洽谈了大约两年时间。中加拟买下育才一中全部产权，但是最终因为土地价格之故，谈判未能成功。我对彭总和兰主任讲，地价还要优惠，企业无法办到，建议他们去找南山区政府。

有一年，区教育局办公室麦主任要安排李长弓副局长等市区两级教育局领导视察蛇口两所国际学校，电请联系落实。虽然我已退休多年，只要对国际学校发展有益的事，依旧乐意去做。

我帮助的 SIS 和 QSI 两所国际学校，为深圳市外籍人士子女上学做出了很大贡献。深圳市的国际学校，无论从数量、规模和档次来讲，还远远无法与深圳的经济发展和国际大都会建设相匹配。愿“十一五计划”落实后，能够较好地完成市国际学校的规划、布局和健全等问题，令外籍人士放心、满意，促进社会经济发展。

我愿为此贡献一点力量，除了多年来在蛇口为国际学校做义工之外，我还用了近 8 年时间参与深美国际学校的筹建工作，该校原本计划建在盐田区大梅沙，两年多以前已获国家教育部批准，因为盐田区经济发需要而变更校址。经市政府协调，学校将建在南山区沙河西路科技园南区，并已进入土地审批程序。学校建成之后，我担任该校校监，也将由国际学校的义工变成为国际学校的一名正式成员。后来，由于种种原因，我们三位校长都与深美终止了合作。此事的教训是：对国际学校的办学者必须严格审核。这一点，对教育主管部门尤为重要。

# 一个教育行者的心路历程

曹衍清

曹衍清，原育才教育集团总校长兼育才高中校长

## 一

在来到深圳南山之前，我在湖北黄冈中学担任8年校长。在很多人的印象中，黄冈中学不仅在湖北迥出侪辈、出类拔萃，在全国教育界都是如雷贯耳、赫赫有名。在我看来，学校已经被“神话”了，人们关注的是学校的高升学率、名牌大学保送率、奥林匹克竞赛成绩、黄冈密卷等表面浮华，却忽略了其辉煌的背后，在这个鄂东大别山区的一隅，黄冈中学的老师们植根教育沃土，秉承百年黄高薪火相传的励精图治的精神，他们不断向上攀登求索，砥砺奋进传承创新，缔造了教育界的奇迹。

当时，社会上评价一个学校的标准，就是升学率。在时代大背景下，黄冈中学虽然追求升学率，但并不盲目追求应试教育，并非只抓文化课教学。我们学生周末从来不补课，每天晚上9：30按时休息。寒暑假只给落后学生补课，对于优秀学生放任他们在家自学。黄冈中学田径队每年都在湖北省稳居前三名，足球经常位居冠、亚军，艺术节、文化节、体育节等也在湖北享有盛名。

在中国制订的“千人计划”的引进海外高层次人才的名单中，我发现了 8 位我认识的人，都是从黄冈中学毕业的学生。

我在黄冈中学工作 20 年时间，历任数学教师、班主任、年级主任、教务主任、办公室主任、副校长、校长，后来任黄冈市教委主任，一步步踏实走来，可谓“辛苦并快乐着”，可以说对教育的每一层面都有较为深入的了解和思考。

2002 初，我卸任黄冈教委主任一职，南下深圳到育才中学任校长。究其原因，因为我个人秉性使然，我喜欢做自己喜欢做的事。虽然主政黄冈教育 3 年时间，但我思考更多的还是教育本身，我发现自己还是钟情于做校长。当时黄冈的教育规模几倍于深圳，湖北省委领导告诉我可以执掌湖北的任何一所学校。时任教育部部长周济建议我去北京。但我希望到改革开放前沿城市深圳，感受特区教育文化的海风，将黄冈教育与特区教育相结合，在这儿重新出发做出一番有别于黄冈中学的成绩。

对于育才中学，我是不陌生的。邓小平是“改革开放的总设计师”，袁庚则是“改革开放的直接推手”，他建立的蛇口工业区、招商局等声名远扬。育才中学是工业区建立的第一所干部子弟学校，历任陈难先、乔树德、王庭尧三任校长。

很多人曾向我引荐这所学校，我也走访了一些了解学校的朋友，对育才中学有了一些初步认知：学校有先进的教育理念、雄厚的师资队伍以及良好的人文环境。《花季·雨季》小说和电影都在这所学校诞生，在全国青少年中有一定影响力。

于是，我决定以家长身份亲自暗访这所学校，看到学校校园文化很不错，不过也有一些不如意的地方，比如校舍面积较小，学校没有食堂，还有铁锈斑驳的钢门窗、粗糙不平的煤渣跑道等，这些硬件设施还有待提升。还有一个不稳定因素，就存在教师队伍中。因为当时育才中学刚刚脱离蛇口工业区，交给南山区，从企业办学过渡到政府办学，一些老师的心态发生了微妙摇摆，看似波澜不惊，实则暗涌起伏。

在看到这些学校的优势和不足之处后，我对育才中学的现状做了条分缕析的梳理和思考，我下决心来这所学校，基于三点理由。

育才中学的文化底蕴深厚，学校老师的思维方式、行事规则与蛇口工业区一脉相承。一位老师跟我讲了一个故事，袁庚在选择总经理时，借用学校的阶梯教室举行竞选演说，参加者可向竞选者提问质疑，这种充满激情活力的氛围无疑也感染了学校老师们，在校内形成一股新风。我很欣赏这种自由民主的环境，反倒认为现在有些倒退了。另外一位老师讲的故事是，每年南山教育系统的统考阅卷时，很多老师都会挤上去跟负责人握手，育才中学的老师们也会跟负责人握手，并说，“祝您新年快乐，不过这次您出卷的题目不好”。可能这种看上去很骄傲清高的个性与周遭有些格格不入，不过我很欣赏这种踏实实在不迎合的独立精神。

一所学校的核心资源无疑就是教师队伍，这是办好一所优质学校的关键。陈难先校长创办了育才中学，他采用了企业办学的办学体制，招聘教师的方式与企业用工如出一辙。学校可以手揣一本调令，看到优秀合适的教师，就可以撕一张调令，将其调到育才中学，完全没有那种暗箱操作不着边际的规则。

学校硬件设备设施后的情况，启发了我对育才中学的价值追求的思考，我觉得学校在硬件、办学质量、影响力上，都有很大的提升空间。

## 二

我来到育才中学，希望将黄冈中学的教学升学高效率、科学方法与育才中学的先进理念相结合，也引发了一些老师的期待，同时伴随着一些担心。对此我开诚布公地表明育才中学作为一所高中，没有高升学率不行，仅有高升学率不够。如果学生在三年时间内的结果只是考上了一所好大学是不够的，还需要得到广泛的人格教育和文化熏陶。

为此我在学校发展理念、策略和路径上做了一番思考，希望将升学和全面发展相结合，我从来不反对学校抓升学率，因为很多孩子要通过高考改变命运，这是学校义不容辞的社会责任，但同时也要与时俱进认清社会发展趋势，培养全面发展的综合性人才。

我提出了“新三好”的办学理念，即要让我们培养的学生，在学校是一名好学生，在工作岗位上是一名好员工，在社会上是一名好公民。我研究了优秀学生的12个特质要素、国家对合格公民的要求以及17个世界500强企业对员工的要求，通过这些理论的研究提取后，得出了这样的思考结果。我的这个办学理念公之于众后，有很多赞成者，也有一些反对者，认为标准太低了。

当时社会上盛行动辄“培养一流科学家、一流军事家”的口号欢呼，我认为这些要求提得过高，根本不可能实现。基础教育的本质目的只是为培养优秀人才打下基础，为发掘潜能创造奇迹提供可能。只有培养了一个好学生，他（她）才可能成为一个好公民，毕业后才有可能成为好员工。做教育不是大张锣鼓摇旗呐喊，而是踏实静下心来，慢慢给“树苗”浇水，使其真正细水长流渗透到根部。

我提出学校的育人目标是：人格健全、学业进步、特长明显、和谐发展。在尊重学生差异性的提前下，鼓励他们不断进步超越自己，既要要表扬优秀学生，更要表扬进步的学生，培养他们健全的人格、爱好兴趣，使其成为全面和谐发展的好学生。

当时我将这两个理念放到教师队伍中讨论，引起了很热烈的反响，得到了大家的认同支持。在跟大家的沟通交流中，我跟113位老师都单独面谈了，我向他们讲述教育理念，他们向我倾诉忧乐。这是我的工作风格，在黄冈中学时，我跟高三的每个学生，都单独谈过话。

我这样的工作风格，让办公室主任很着急，他说：“曹校长怎么还没将黄高抓高考的那一套拿过来，急死了！”其实，如何将教学理念转变为工作能量，并将后续效应辐射到各项工作中，包括抓高考的工作，才是最重要的。

尽管到育才中学任职并着手招生时，当时中考志愿都填完了，我还是通过初中学生家长会宣传自己的办学理念。结果当年的中考状元放弃了去市里读高中，改投育才中学。

## 三

我提出了学校、学生和老师共同发展的发展策略，希望三者相互协调互动形成良性循环。在重视高考的前提下，与发展素质教育有机结合，使学生全面发展。要确实提高教学质量，在教学、复习、备考上扎实落实，更要超越升学率着眼于人的全面发展，因为这是对学生最大、最多的功利，它将作用于学生的一生。一言以蔽之，不求人人成才，但求人人成功。

学校在学科课程外开设了100多门的“课程超市”，包括青春读书课、桥牌技巧、花卉艺术、影视文学欣赏等，学生三年内必须选修完成一定学分。聘请一大批有影响的名人、学者充当学生的人生导师。

这种中间发展路线，确实为学生减轻了学业负担，让他们在轻松自由的学习氛围中成长。为学生减负的同时意味着加大老师们的工作量，对他们提出了更高的要求。由于学校老师们准备充分，学生认真学习，育才中学成为了老师们从教的理想之地，学生们求学的向往之地。

为了使老师们能够聚精会神教学和安心工作，我提出人文关怀的概念。尊重、信任每一位老师，对于他们工作中存在的问题，从不对其发脾气，从不当众说这些问题，即使在开会时也只是指出这种现象而不涉及具体个人。我会单独找老师们谈话，了解他们的困难和苦衷。我还关心他们的生活，兴建教工食堂，取消上班打卡等措施，通过这一系列的措施，充分调动大家的工作积极性。

针对学校硬件设施比较落后的情况，我动员所有力量，在一年时间里筹措到了2000万元资金，更换所有门窗和教师桌椅、建设教工食堂和塑胶跑道，完成了学校硬件的全面更新改造。当时工业区老总曾对一位家长说：“没想到曹校长不到一年内就让学校旧貌换新颜，早知道这样，早就该将学校交出去了。”

当时育才中学作为深圳市排名前三位的名校，如何在继承前辈的优秀理念文化的前提下，克服前进道路上的困难挑战，是我需要解决的问题。

育才中学作为蛇口工业区建立的中学，之前都给老师们发港币工资，过年是都发一个大红包。学校移交给南山区政府后，并没有在校舍和工资待遇上作提升，让老师们有一种“破落地主”的心态。我当时认为，要理顺这些关系，舒缓老师们的不平情绪，挖掘学校发展潜力，促使学校更好更快发展。

在传承育才中学文化同时，还要创新求变，不过不要为创新而创新。很多人的所谓“创新”，只是将过去不用的东西刨出来翻新，就认为是新的并奉为圭臬，就像一件衣服抛弃了，过了一些时日后又拿出来被当成时髦货。一定要有着创新思维去创新，为解决具体问题而推陈出新，形成创新思路适应时代新浪潮。我用黄冈中学的经验，结合特区教育和育才学校的实际情况，慢慢融合并摸索，淘汰一些过时的经验，建立了属于育才的新办学模式。

为了鼓舞全校师生的斗志士气，重塑大家的办学信心，我提出了“目标激励”和“精神激励”。在学校、学生、老师三方面都予以全面关注，激发大家的梦想价值追求。通过开办课程超市，举行每年度趣味运动会，动员全体师生参与。大家一起在运动上滚跳，解放天性释放欢乐，凝聚人心形成向心力。对于这些体育项目，我也积极参与，比如排球、篮球、足球等，100 米跑我能跑出 12.8 秒的成绩。

这些振奋人心的举措，使变成政府办学的育才中学，重新焕发生机活力，激发了老师们的工作激情动力。记得有一位地理老师，他曾向我讲述关于他的所有事，事无巨细毫不保留。后来再次跟他交流时，我还能对他的家庭情况说起一二，令这位老师觉得受到关注重视。他经常加班加点备课，甚至跟其他老师抢晚自习课，这让大家都备受鼓舞。

还记得一位高水平的数学老师，因为我要在高一、高二各办一个重点班，于是我将这两个班的数学课都交给他。他就要用两套教学思维备两次课。尽管他工作非常辛苦，但是他很快乐，后来我退休后遇到他，他说那是一段辛苦的快乐时光。

## 四

陈难先校长创办了育才中学、育才二中、育才一小、育才二小，当时在育才一小旁边还有代管分部，即现在的育才三小。在工业区发展初期它们是连在一起的体系，包括小学、初中和高中。

我看到育才学校的大棋盘格局，寻思着要整合这些学校资源发挥规模效应，让育才的学子们可以连续受到高质量教育，也可以使老师们在各学校间走课，在这样的考量下，广东省第一个教育集团——深圳市蛇口育才教育集团横空出世。

当初很多人提议学校取名深圳市南山育才教学集团，我将“南山”改为“蛇口”，希望继承蛇口精神，以表不忘初心继承创新，扩大学校在国内的影响力。

我希望在学校办学方面做一些创新性突破，在育才中学成立全国第一家体育俱乐部，并面向社会开放，适度收费，组织一些体育赛事，遗憾当时并没有实现。

除了体育俱乐部，学校还成立了一家培训中心，不开办文化课教学，针对家长学生们的需求，开办了留学教育、插画、艺术设计、时装设计等课程。

育才教育集团对南山教育集团化、均衡化产生了示范作用，是比较成功的。2013 年新华社记者采访我，时长三个小时。我就集团化办学的三种模式、五个优势、两个问题做了细致分析，后来作为内参形式发表，记者告诉我这份内参上了主席的办公桌。

当时育才学校虽然在深圳教育界有比较高的知名度，但是在全国范围内还是籍籍无名。我请学校行政人员查询，全国有 200 家育才学校，于是我决定提出“天下育才是一家”的口号，希望成立中国育才学校联谊会。

曹衍清校长（右一）陪同袁庚出席育才教育集团成立庆典

集团总校校长曹衍清和老师合影

在我的谋划中，这个组织起初只吸纳五家育才学校，后来要提高准入门槛，需要进行申请严格审批。其实我希望借成立这个平台，来提升蛇口育才教育集团的品牌效应，扩大学校在全国教育界的影响力。

学校分别向东北育才、重庆育才、北京育才、上海育才发了邀请

曹衍清校长（右二）出席中国育才学校联谊会

函，当时它们的声名远在蛇口育才学校之上。东北育才是解放战争时期沈阳军区成立的干部子弟学校，重庆育才是陶行之先生成立的，北京育才是红军长征后在延安成立的，上海育才是有着100年历史的教会学校，著名教育家段力佩曾任该校校长。

我们发出邀请函后，一直没得到回应，这也在我预料中。于是，我请行政人员将我的简历放在邀请函中再发一次。不到一个星期时间，四所学校都回复了，他们的校长都来到蛇口育才教育集团参与联谊会筹备会。

在这次筹备会上，成立了第一届理事会，我当选首任理事长。按照会议决议，理事长采用轮值形式，由各校校长轮流来担任。当时这次盛会震动中国教育界，北京、上海的电视台都来报道。

通过这次给学校曝光的形式，扩大了学校的影响力，推动了学校与各育才学校的交流互访，也使一些教育界的知名学者、教师来校指导工作，对学校整体战略层面的发展有巨大的推动作用。

虽然育才教育集团有7所学校，但各学校在创办肇始，借鉴外国办学经验，都是小班，所以学校校舍面积都不大，缺乏持续长远发展的空间。当时在学校附近有一块近1000平方米的土地，属于蛇口工业区。当时工业区还有一个培训中心，被称为工业区的“黄埔军校”。我寻思着如果拿到这些土地，无疑将大大缓解学校的生存空间压力。后来通过各方面的支持，学校获得了一些土地资源，新建了宿舍楼、游泳池、图书馆、体育馆等，大幅提升了学校的办学实力。

## 五

当初我来到育才中学，本打算将其作为教育生涯的最后一站，希望用十年时间将育才打造为国内一流学校。在2007年时，深圳市教育局要调我去深圳市实验教育学校担任校长，我对育才教育集团规划的蓝图建设戛然而止，从内心想我是不愿意去的。后来李鸿忠市长亲自给南山区委区政府打电话，希望我到实验学校领导工作，于是我离开了育才学校。

记得我是2007年元月31日离开学校的，很多老师都依依不舍含泪惜别，因为我和他们相濡以沫荣辱与共，建立了深厚的手足兄弟情谊。当天正好是我53岁生日，我们在学校食堂吃了蛋糕后，就和司机一起去了实验学校。

虽然我离开育才教育集团很多年了，但一直牵挂着这所学校，它的欢喜、苦恼连着我的情绪，我也算是它最敏感的神经末梢。我每周都会看育才学校的网站，关注它的发展动态和学校细节。一些学校干部会给我打电话讲述困难，我尽力给予帮助。

## 六

虽然在南山教育界工作不到5年时间，但这片依山傍海的土地给我留下了极深刻的印象，有很多值得称道的地方。

深圳市的前身是宝安县，后来宝安县治迁到如今罗湖一带，当时的南头地区一直是未开发的荒芜之地，是处于偏远边缘的农村，发展教育事业更为艰难。随着蛇口工业区开发和南山区正式成立，南山区的用地资源极度紧缺，开始大规模填海造陆，人口剧烈增长，住房需求也随之攀升。

伴随着人口和住房增长的是对教育的需求，南山区在原有基础教育薄弱和巨大教育需求的条件下，竟然能满足如此庞大的家庭子女入学问题，这本身就是一个巨大的奇迹了，更难为可贵的是，还实现了教育规模和教育质量的协调发展，这是几代南山教育人做出的巨大贡献。

南山区一直很重视校长、教师队伍的建设，不遗余力地大规模引进人才，为南山教育的全面崛起打下了坚实基础。我认为，发展教育一定要以建设高素质校长队伍为关键，要培养有思想魅力的校长。我希望南山区，不仅成为老师们的理想之地，学子们的希望之地，还成为教育成果的辐射之地。

我这一辈子自认为是辛苦和快乐交织，也没有做多大的贡献，因此也没有什么纠结痛苦，退休时比较安心。我在意的是，无论是在处于巅峰时期的黄冈中学，处于历史转折处重新起航的育才学校，还是始终处于深圳市教育前列的实验学校，我都陪伴他们走过，其中甘苦冷暖滋味，知我者自不待言。

作为一位从教 40 余年的教育工作者，我到目前为止只出版过一本书，这辈子不再打算出书了，这本书名为《一个教育行者的想象》，很贴切地表达了我在教育之路上的状态，与孙行者的离经叛道打破陈规不同，路漫漫其修远兮，吾将上下而求索，我一直不断探索前行，一直在路上。

# 笑谈南中当年事

戴振江

戴振江，原南头中学校长

## 一

在来深圳南山之前，我在吉林省扶余三中中学（现在是松原实验高中）任校长，这是吉林省的重点高中，也是国家教委直接联系的学校。在历年来的吉林省高考中，这所学校屡屡出现高考状元。

当初我也没有想到从松花江畔调到南国深圳，很多事情自有一些缘分际遇。在 1992 年冬天时，我来到珠海开会，遇到了原东北师大附中校长李硕，她当时担任南山教育顾问。那时南头中学急缺一位校长，李硕便向南山区领导积极推荐我。时任主管教育的黄水桂副区长很赞赏认可我，说实话我觉得是因为扶余三中名声在外的缘故，我才被选中来到南头中学。

南头中学是深圳最古老的学校，它的源头最早可追溯到建于清朝嘉庆年间的凤冈书院，是深圳教育的根。这所学校多次变革历尽沧桑，在 20 世纪 50 年代改造成宝安县第一中学，是宝安县的重点中学。在 1979 年中国掀开改革开放的大幕，国务院批准宝安县改为深圳市，学校随之改名“深圳市南头中学”。

我来到南头中学时，发现学校的教育底子比较薄弱，有一座三层的教学楼和一栋四层的实验室，主要是南山本地村民的学生，跟蛇口招商局的育才中学、南油中学、华侨城中学等企业学校相比，还是有很大差距的。当时学校只有 102 个编制，即 81 个教师教务人员、21 个工人。很多老教师其实已经退休了，在南中的毕业班代课。前任校长何吉灵也调进了一些优秀年轻教师，包括李胜彰、吴向东等。

我刚来不久后，学校就发生了一件风波。老教师们本来就没有长远工作的打算，他们抱怨工资太低，结果就集体罢课。这件事深深刺激了我，下定决定要解决这件事。

对于领导这样一座发展乏力的百年老校，我希望得到南山区委、区政府和区教育局的支持。当时区委书记跟我说："发展是硬道理。"他希望我抓紧时间提高南中高考的升学率，让大家感到幸福。可是如果将全部力量押上高考，难以保证长远持续发展。

戴振江校长陪同市领导检查南中非典防范工作

我在经过一番调查和思考后，认为首先从招聘优秀教师和年轻教师入手。要引进教师队伍，首先要解决编制名额问题。当时引入新教师的名额编制极其有限，所以很难调新人进来，但是学校存在引进新教师的优势和契机。

首先很多老教师要退休了，只要他们退休了，就可以招聘新教师，于是我交待学校领导抓紧时间给老教师办退休手续。第二我想到可以通过扩班招生来解决，通过增加班级和学生数量，来争取更多的编制名额。

当时扩班只在高中进行，计划将每学年段增加 8 到 10 个班级，最终目标达成 50 个班。区委书记采纳了我的想法，我马上执行扩班计划。第一年增加了 6 个班，第二年增加了 8 个班。

当时，我和教育局领导到全国招聘，去过郑州、重庆和东北等地，从西南师大、东北师大和陕西师大等师范学校，招聘了大批优秀毕业生。对于那些早已闻名全国的名师，我们就想办法挖过来，壮大学校的师资力量。

记得李忠俊局长亲自带队，吴声洛、王邦杰和我一行 4 人去郑州招聘。由于吴声洛和王邦杰本来就是郑州人，他们对郑州优秀的师资资源非常熟悉，早早就列出了优秀教师的名单，李局长和我就去找这些教师面谈。结果那次我们带回来了 8 位优秀教师。

虽然南中很缺优秀教师，但是我们坚决拒绝各位领导“送教师”，当时南中新教师的引进工作，是经过非常严格的把关的。记得有一次学校引进了 3 位高级教师，去区里接受考试审核，结果他们包揽了前三名。南山区人事局文局长对南中赞叹有加，认为学校招聘的教师确实出类拔萃。

当时南头中学引进一位来自湖北的语文特级教师茹清平，他讲课能力非常强，可是在调动上却遇到了阻碍。因为茹老师读了初中后，直接跳过高中进了师范学校，再读了两年大学本科，后来还拿到了硕士学位。这在湖北当地是一种师范人才的委培模式，大概有 200 多个这样的教师。

可是当时的深圳市人事局认为，茹老师大学没有读满四年不合规定，属于学历造假，不同意调入。我当时是市人大代表，直接上市人事局找书记商量。我认为茹老师是特级教师，又有硕士学历，在湖北当地得到了认可，为何在改革开放思想活跃的深圳反而要固守陈规陋习呢？我觉得主要还是要看他是不是人才，不要追究学历上的小问题，不然会贻失一个人才。市人事局书记被我说动了，同意特事特办将茹老师调入深圳。如今茹清平老师早已是南山区知名语文专家，成立了“名师工作室”。

像这样的情况还有很多，比如裴光勇老师，在调入前也是特级教师了，只不过他的太太学历不达标，市人事局也不同意调进。我同样去找领导据理力争，结果裴光勇调入南头中学，后来裴老师还接替禹明担任了南山区教科研中心主任。

所以只要是遇到这样的问题，大家都说“找戴校长去办”。虽然做这些事很烦琐很累，但是我能够被大家信任，心里也很高兴。现在回头看，我做的这些事对于调动教师积极性，有很重大作用。

那时学校通过广纳贤才，云集精英，汇集团结了来自全国四面八方的优秀教师，并通过加强凝聚力使大家走在一起，大家不分你我，“来了就是南中人”。我认为很多事不用逞个人英雄主义，虽然有特殊能力的人才很重要，但是人才必须在优秀集体中，才能人尽其才，因此一定要发挥集体的力量。

## 二

虽然我已经退休20多年了，现在回忆我任南中校长12年半的经历，确有一些动人温暖的事情值得讲述。

当时，我经常向所有学校领导和教师们阐述我的理念——“南中是一杯水，我做一粒糖”。所有人都将自己当成一粒糖，融在水里看不见，但使水变甜，大家齐心携手团结奋进，成为一个紧密联系守望相助的温暖大家庭。这个理念鼓舞着南中的每一个人，培育了一种团结坚韧的群体力量，大家都很重视学校集体荣誉。南中取得的荣誉成就，是集全校老师之力，也借助了南山区、深圳市的支持，所有的力量如同涓涓长流汇合在一起，才形成了渊深海阔的大江大海。

记得教育部在云南昆明举行全国语文教师课堂竞赛，南头中学的年轻教师李林从全市教师队伍中脱颖而出，代表广东省参加这个赛事。对于学校的广大年轻老师来说，同事能代表广东省参加全国性的比赛，都感到十分荣幸，对大家是巨大的激励。因此李林老师去参赛，已经不是她一个人的战斗了，而是大家共同的分内之事，是全体南中人的比赛。

我们研究了这件事后，决定派出两位语文高级教师、一位做电脑课件的专家型教师，两位做调查的教师，组成 6 人的团队去比赛。

他们到了昆明后参加抽签，抽到了《桥》这个题目，只有极短的备课时间。大家群策群力做好分工，两位资深语文老师帮忙备课，指导李林老师如何切入、展开讲课，两位调查老师在昆明调查当地的桥梁，取得了大量丰富的照片录像等素材。做电脑课件的老师快马加鞭地做好课件，然后大家休息六个小时，养精蓄锐，做好讲课准备。

第二天李林老师在讲课中，利用电脑课件向本地学生展示了各种桥梁的资料，学生们看到的都是他们每天走过或看过的桥梁，都非常激动兴奋。李林老师以出色的语言表达能力、公整的板书以及娴熟的课堂调动能力，向学生们讲述了各种桥梁蕴含的历史、文化和建筑知识，这牢牢地攫住了学生们的注意力，他们纷纷踊跃举手提问互动。

这样精彩的课堂氛围，也彻底折服了评委们，他们纷纷给予极高好评，最终李林老师斩获全国语文教师课堂竞赛第一名，这在全国引起轰动。因为当时“南头中学”只是一个陌生名字，全国教育界人士根本不知道南中到底是何方神圣，他们只知道袁庚和育才中学代表的蛇口。6 人小团队代表广东省获得殊荣，在深圳市也引起轰动，让广大南中人喜笑颜开。

李林老师载誉归来后，马上将获奖证书交给我，坦言这次获奖是集全校之力，她实在不敢贪功。我跟她说，虽然荣誉是大家一起努力得来的，是大家所有人的，但也是你个人的，你就是大家的代表。这件事极大地鼓舞了广大教师特别是年轻教师，让大家明白要牢记集体荣誉。大家都努力工作钻研业务，默默地奉献自己的力量，为学校的发展提供助力。同时通过这件事，我希望告诉全体名教师和老教师，你们就应该担负起培养年轻教师的责任。现在李林老师早已是老资格的优秀教师了，她也对年轻教师们毫无保留地倾囊相授，实现了一种责任担任的接力传承。

当时南头中学学生参加深圳市的辩论大赛，竟连续三年豪夺冠军。第一次南中夺冠时，打败的对手是深圳中学，该校辩论队教练还颇不服气，扬言“巴西队就是巴西队”，认为深圳中学作为深圳市重点名校，应该他们拿第一。没想到南头中学竟在6年时间内三连冠，让所有人都彻底心服口服。

南中学生屡获辩论赛冠军，也是南中人的集体力量。虽然是学生们上台参加辩论，但全校几乎所有领导和教师都参加了这场比赛，来自各学科的老师们为学生们写辩论稿，为正反辩论双方提出意见。我们还请了张效民、禹明等教育局领导、深大博士生导师莅临指导，为学生们出谋划策。

这些在赛场上舌战群儒的学生们毕业后，回想当年的激情风采时，认为这对他们一生的成长都有很大的促进作用，不仅没有耽误学习，还因为得到很多优秀专家教师的特殊指导，增加了他们的自信心，极大地推动了他们日后的学业进步。

记得南头中学参加深圳市歌咏大赛，接到市里通知时离开赛只有一个月时间了。我找区教育局领导、学校领导教师商量，认为以南中目前基础是可以拿到好成绩的。我问负责组织比赛的肖咸忠、袁志风老师的意见，他们承诺在一个星期内就可写好参加比赛的串联稿并挑选好学生。结果南头中学在这场准备时间极短的比赛中大放异彩，荣获“双第一”——创作第一和整体第一，再次彰显了南中的风采魅力。

我还记得学校参加在北京举行的全国中学奥林匹克竞赛，由沈立新、傅经中老师带队，结果南头中学获得了全国冠军。这使南中人群情

戴振江校长和获得全国少年乒乓球冠军的学生合影

激昂，极大地鼓舞了全校师生的士气和自信。

在倡导和尊崇集体荣誉的同时，学校还通过各种方式打造向心力，形成强有力的凝聚效应，提出了“来了就是南中人”的口号。这绝不是一句简单空洞的口号，而是落实到实处，让全体教师都感受到南中是一个温暖大家庭。

我刚来到南头中学不久，就向区委领导提出要扩班以增加人员编制，这样就有很多年轻毕业生、优秀教师进来，同时有很多老教师面临退休，面临着新老交替的临界问题，如何将南头中学优秀的传统文化传递下去，使新来的教师们尽快高效地融入集体中，这是我们思考研究的问题。

我觉得作为一个校长，就是要做好各项服务工作，为学校所有人服务。校长并非要表现自己有多大能耐本事，要最大限度地、充分地调动老师的积极性和创造性，让他们能够全身心地投入工作中，没有那些担心着急的后顾之忧。能为教师们解决一些实际困难，做一些实在的事，让教师们心悦诚服地踏实工作，就是校长的能耐本事了。

当时教师们的实际困难无非就是住房、子女入学、爱人调入、老人安置等问题，这些问题比较烦琐，解决起来也有实际困难，但是如果学校领导不能帮教师解决这些问题，这些教师们势必会孤立无援，举步维艰，一定会带着情绪工作，导致人心涣散、影响工作。

因此我将这些事当成一件大事来抓，并向全体教师建议，学校领导、老教师、入职早的教师要帮助新来的教师们，帮忙解决他们的住房、子女入学、爱人调入等实际困难。这项工作做得非常不错，在十几年中成为南中的某种默契习惯。

比如每年都有新入职的教师，学校会安排一些教师去机场、火车站去接人，并安排好他们的生活起居。新来教师的孩子生病了，会帮忙带小孩上儿童医院。这些不成文的规定，早已融入到南中人的血液中，让大家都感同身受，并将其作为传统习惯来维护执行。

当时学校教师发的工资，有一部分是效益工资，按理应该是校长最高。不过当时我的效益工资金额一般排在全校第 15 名，因为我尽量将我的工资向下压，这样其他学校领导和中层干部也主动压低自己工资。这件事从表面来看是一件小事，效益工资也只是多几百元而已，但在教师看来影响极大。那些工作在一线讲台的教师们拿着比校长还高的效益工资，使他们认为受到了认可和尊重，实际上是一种“得到人心”的做法，使全校教师们形成集体向心力和凝聚力。

我从 1983 年开始当校长起，就养成了每天“来早去晚”的习惯，坚持每天很早到学校，各栋教学楼巡查一遍，看看早读早操的情况，了解教师和学生的状态。每天晚上几乎也是我最晚下班，当时我的司机也挺“倒霉”的，要陪着我起早摸黑。

至今我回忆起当年学校老师们的事情，依然感到很感动很自豪。大家都在拼命工作不计回报，从没说要谈谈价格。当时高中学生要住校，不过男女学生共一栋宿舍楼，一些男学生很淘气晚上不按时睡觉，需要一些年长女老师来监督他们的作息。当时有 5 位女老师轮流各值班一天，由于她们晚上牺牲休息时间，严格要求，所以男学生们都很规矩。

记得有一位女老师的丈夫也是校长，他看到妻子每天辛苦工作，不禁有些抱怨：“老戴到底给了你多少钱，让你每天起早摸黑？”当然我确实没多给她们一分钱，但是大家心中形成了无形动力，都主动认真工作，默默付出。

戴振江校长陪同省关工委主任方苞视察南中

南头中学全体教师视集体荣誉为最高价值，大家团结一心融为一体，共同将学校打造成一盘棋，甘愿做一粒粒的糖，将南中这杯水酿得更甜蜜。南头中学成功了，每个人都成功了，教师与学校唇齿相依荣辱与共，为了共同的梦想不懈前行。这是一种南中情结，已深深融化到南中人的生命和血液中，不可淡忘，永远铭记。

## 三

当时蛇口工业区育才中学、华侨城中学的学生，来自重视教育的知识分子家庭，而南头中学的生源是南山本地村民的孩子，这样的家庭对教育的重视程度相对不足，这样各项教学水平、高考升学率自然不能与那些名校相比。虽然很多教师心里不服气，但是必须要承认差距和不足，这当然不是说我们南中的孩子笨，而是要想办法调动老师积极性，使各方面教学水平不断提高。

南头中学通过引进优秀教师壮大师资队伍，逐步使学校教学水平稳步提高，使学校高考不断进步。在 1993 年的 167 名考生中，就有 16 人跨过了省大专线，这对于当时的南中来说，已经是很了不起的进步了。

在 2000 年时，南中有一位高三学生名叫叶敏，她当时各科成绩很优秀很突出。我和学校领导和任课老师商量，认为叶敏可能会在高考中创造奇迹过 800 分。那年高考，叶敏考了 799 分，憾于一分之差，最后上了复旦大学。

我对比研究了高考分数数据，发现叶敏的综合分为 630 分，而汕头金山中学就有 20 多位学生，在综合上考了 800 分，很明显我们跟金山中学差距很大，我决定亲自去取经学习。

当时我们学校几个人去了汕头金山中学，找到该校负责综合科的组长雷威，经过一番交流探讨后，我们才明白南中在综合科上备考的方法是不对的。

当时综合科是九科合一，涵盖了九个学科的考点，但是平时我们学校的教师是分开教学，这样势必导致各学科间无法形成完整体系，学生也无法做到融会贯通，举一反三。

而反观金山中学的做法，则是将各科的知识点和考点放在一起，各学科老师都挖掘准备好需要复习的内容，将各科完全融为整体。举一个关于“钢铁”的例子，物理课和化学课会提到钢铁冶炼，生物课会提到废物处理，地理课会提到铁矿分布，历史课会提到钢铁在二战中的作用等等，将近50多个知识点，这样就将分散孤立的各科知识，变成了彼此联系、环环相扣的体系，打通了各学科间的“任督二脉”，学生复习备考起来逻辑思路很清晰熟悉。

这样的高考备考复习模式，让我们都觉得很新颖很赞叹。同时我认定雷威老师是我们南中急需的人才，决定将他挖过去。我跟雷老师私下交流，希望他到南中去走走。

当然想将雷老师调进深圳，遇到很多阻碍。当时这所学校的规定不能放老师去深圳、珠海等城市。我就想办法独辟蹊径，雷老师的父亲原本在一汽工作，后来调到二汽工作，雷老师就出生在湖北，他的太太是湖南人名叫胡南。最后我想办法请区领导发了一张商调函，将雷老师的父亲从东北调到深圳，最后雷老师也顺利来到南头中学，他太太则调进桃源中学工作。

在高三年级备战高考的时间里，绝不只是高三年级的老师的事，也是集全校之力，各学科都抽调出优秀骨干教师，帮忙高三年级的备考。比如教语文的茹清平、吴向东、唐晓勇，教物理的王小海、关志辉，教数学的裴光勇、李胜彰，他们会开一些“大课”，做几个小时的专题讲座，对三四十名优秀尖子学生单独辅导，这样对于那些“吃不饱”的学生来说受益匪浅，同时也没有忽视其他学生。

在2001年时，南头学生郑智忠考出了837分的好成绩，顺利考进了清华大学。这是南山区第一个上清华的学生，这在南山引起轰动。郑智忠这个学生我很熟悉，因为在他读初一五班的时候，我亲自教过他的数学课。他是一个很本分、勤奋认真的孩子，我看着他一步一个脚印成长，在高考中取得好成绩是他刻苦努力的成果。

这对南山本地村民来说，是一个巨大的激励，原来他们的孩子完全不比那些名校差，这让他们感到扬眉吐气。为此李胜彰专门请了记者，写了一篇《南山本地娃，高考上清华》的报道。

通过各位名师的辛勤执教，抓住核心的复习备考，形成一种良性循环，后来南中在高考中的爆发只是水到渠成。在2003年，南头中学在高考中获得了三个过800分的好成绩，在2005年获得了历史性突破，高考中出了南山区的第一个全省状元，获得了高考大丰收。在我任校长期间，南头中学的高考升学率、重点率逐步提高，一直成上升态势，取得了长足进步。

## 四

作为校长不仅只是领导一所学校，还要面对政府、教育局、家长和社会舆论等，所以校长也是一个公众人物。因为必须要有责任担当，代表好南头中学和南山教育的形象。

在处理学校与上级部门的关系时，我始终坚持以大局为重的原则，一切以维护教育局利益为出发点。我认为南头中学是南山教育的一部分，一切都要以服从组织为原则。

记得在学校高中扩班时，初一、初二不再招生了，初三6个班的学生都转去前海学校上学，这个计划早就安排了。结果在开学前几天出事了，一些家长因为不满这种做法，认为孩子还是要在南头中学读初三，为此将近50个家长去南山教育局请愿。

虽然这是一件小事，但是阵势闹得很大，这让教育局也无能为力。由于高三扩招学生已经进来了，如何妥善安置这6个班的初三学生，这是一个棘手的问题。眼看第二天就要开学了，这天中午我赶紧组织了学校主要领导、副校长开会商议，最后我建议还是留这些学生在南中上学。当时很多人表示反对，纷纷表示这是自找压力，这让南中怎么活？

可是我无暇顾忌这些言论了，在做出这个决定后，我马上给南山外语学校校长刘根平打电话，说明我的想法意愿后，希望将南外初三军训的时间让给南中，让南中6个班的学生去军训，这样我们就可以腾出时间来改造教室。

刘根平校长答应了，取消了南外的军训计划，改为开学上课。我马上安排工人将实验室、功能室改造为6个教室，在一个星期内加班加点做完，等学生们军训完后，就正常上课了。

我当然明白虽然很多教师对此很不安，感到很大压力，但是我还是将这件事压下来，平息了家长们的抗议，没有让区教育局领导为难。这件风波让我对当领导的责任使命有了更深刻的认知。所谓当领导，就是要能够有责任担当，有勇气魄力将一些风波压下去，当领导不能遇到困难时就到处讲价说冤，要维持整体秩序的平稳和谐。作为南山教育的一分子，如果你压不住事，南山教育丢人了，你也不光彩，在我看来就是这么简单的道理。

1997年暑假时我回东北，学校由一位副校长留守，负责招生工作，结果学校发生了一场风波。事情缘起一位初三年级组长，组织一些学生补课，他收了一些补课费，这在当时是不违规的，关键是他还按照每科15元的标准，对那些考试不及格的学生收取补考费，一共收了3700元。结果这件事被人捅出去了，直接告到市里去了。

当时深圳市市长李子彬极为震怒，责令要严查这件事。南山区教育局调查了这位老师："你收费请示校长了吗？"这位老师如实回答："当然没有请示校长，不然校长能让我收吗？"最后南山教育局决定要处分这位老师。

待我从东北休假回来得知这件事后，很多熟知我性格和行事作风的老师跟我说："老戴，这件事你千万不要管，别顶着。你如果接过来，事情就闹大了。"我细细思量一番，觉得这位老师收费固然不对，但是从本质上也是为了学生，属于好心办了坏事。我作为南中的校长，难道不应该管这件事吗？

我找到市里的领导，表示希望不要处理这位老师，要不就处分我这位校长，不能让老师背黑锅。当时领导就掉眼泪了，表示"老戴你顶不住的，你会被就地免职的"。当时主管教育的武捷思副市长认为我的说法有道理，表示"你敢勇于承担责任，当然不能免职"。

结果我受到的处分就是，在全市的校长会议上作检讨。在几千人的大礼堂中，我作了一次检讨。我讲完后武市长带头鼓掌，全场掌声轰鸣，很多校长都很感动。后来武市长还亲自来考察南中，提到要“将南头中学办成深圳市一流学校”。

通过这件我主动领处分的事情，我认为做校长一定要在关键时刻站出来，做到有责任担当。诚然在数千人面前做检讨，是很狼狈的，但是以个人的受处分能够聚集教师们的人心，树立一种浩然正气，我觉得也是值得的。经过这件事后，再也没有教师乱收费了。

在学校的管理上，我负责组织召开两个会议——校长办公会和总支会，分别执行首长负责制和民主集中制。校长办公会每周召开一次，由校长、副校长和主任们参加，副校长向校长汇报工作。对于学校的各项工作，通过大家充分讨论后，由我来拍板交待大家来执行。副校长再和主任们开会，主任们再和各科室人员落实；后勤部门会配合主任们的工作。

另外每月还会召开一次我和主任们的会议，听取主任们汇报工作，我通过主任们的工作，来了解副校长们是否真正理会了我的工作思路。往往主任们落实执行的工作，并不是我真正的意图想法。因此我每周至少两次去各办公室走动，跟大家聊聊天说说话，通过大家的语言和情绪，很容易就摸清了大家的工作状态。如果大家做的事情确实有偏差，就要立刻研究纠正，不然会造成各种误会或不团结。

我认为，主任们是在执行工作，我和副校长们是在研究布置工作，需要将每一件他们努力执行的工作，当成大事来看待，尊重他们的各项工作。在学校的各项工作中，我力求通过规范化制度来进行管理，使各项工作条条框框比较清晰，易于开展学校工作。

另外一个重要会议就是总支会，由支部委员和书记参加，主要是研究人事、评先选优、职称评定等。我作为校长兼任书记，只有一票权，每位支部委员也只有一票权，实行民主集中制。

在职称评定上，南头中学实行非常严格的规章制度，同时采用了人性化的制度。比如在评选先进时，谁的工龄更长，谁来学校更早，就选谁获选。另外还有适度弹性的制度，即特级教师聘任高级教师时，可以超越所有人直接获聘任，像茹清平、裴光勇等人。

在召开总支会时，我作为校长要以身作则树立榜样，一般都建议将功劳给别人，将过错留给自己，推功揽过，理顺关系，和大家推心置腹，关心大家的需求，让大家感受到南头中学是一个温暖大家庭。

我认为，作为一个校长，不仅要招聘引进优秀人才，也要关心人才的前途发展和内心需求，帮忙他们登上更能发挥才华的舞台。不能因为这个人才非常得力，就一直留在自己身边不让走，这样满足了自己的私欲，却阻断了人才的前途发展。

很多人都说南头中学是“人才的摇篮”，像陈木昭、李胜彰、裴光勇、傅经中、王邦杰、戴洪晖、谢慧平、徐涛、邓秀华等，都是从南中走出去担任校长的人才，都是被我推荐出去的。一所学校的教师的来去是正常的流动，都是为深圳和南山教育做贡献，应该鼓励这种流动。我在南中任校长期间，有将近 150 名教师退休，有将近 50 名教师去了别的学校，可以说人员新旧交替和流动是很大的。

因为我是教育局党委委员的缘故，跟很多领导、学校都很熟悉，哪所学校有优秀的人才，我可以挖掘过来，哪所学校急需人才，我可以将南中的人才推荐过去。这样南中永远是一池流动的活水，既让学校保持了青春活力，又让各种杰出人才可以收获自己的人生价值。

## 五

我在南山区工作了十几年时间，伴随守护着南头中学一路成长，也见证了南山教育的巨变腾飞。我认为南山教育的巨大成功，是所有南山教育人的群体智慧，是一种集体功勋。

对于南头中学这所学校，我内心是非常爱它的，无法用言语来形容。对于它目前的发展状况，因为南头中学没有初中，丧失了选拔优秀生源的优势，这样陷入了发展瓶颈。我希望南头中学成立一个教育集团，让这所百年名校重新焕发青春，乘风破浪，继续在南山教育的版图上占据重要地位，继续为南山和深圳教育作出自己的贡献。

除了任南中校长外，我还在1999年至2004年任南山教育局党委委员，我是唯一作为校长任党委委员的。另外，我还担任了一些社会职务，如深圳市人大代表和南山区第一届政协委员等。

当时党委委员都要挂靠一所学校，我负责的是留仙小学。因此我也时常去这所学校走动，跟当时的张育才校长多次接触谈工作。我和张校长都注意到，当时任副校长兼教导主任的陈登福很能干，是难得人才，都一致认为要重用培养。

在李忠俊局长在任时，他领导规划了“教育均衡化”和“教育集团化”的战略布局，使南山教育更踏实沉稳发展，使优质教育资源可以普惠南山的中小学，还重点扶持发展了南山北片西丽的教育发展，这对南山区教育发展是巨大的贡献。

“教育集团化”战略是另一项伟大举措，通过联合合并几所学校，将优质师资力量分配到各所学校中，并形成小学到初中的九年一贯制教育，保证了教育质量的持续长效。

当然客观来说，这两项教育战略都还在路上，有很多问题还需要研究探讨，需要认真细化各项工作，因此可以说依然任重道远。这需要新一代南山教育人用他们的新智慧来探索解决，继续推动南山教育平稳快速发展。

南山教育很重视引进优秀人才，引领了深圳教育界大规模选聘人才的先河，并一直牢牢占据领先地位。在充分选贤任能的同时，积极开展教育科研活动，成立了教研室、教研中心，主持很多国家重点教育课题，让南山教育成为全国教育的闪亮名片。

作为曾投身南山教育洪流的一员，我现在已经年逾古稀，对于过去之事提提便罢，对于未来之事只能寄语年轻人，希望他们继续努力打拼。我相信通过一代代南山教育人的勤奋努力薪火相传，南山这把永远走在前面的火炬，依然会继续引领并照亮前方的道路。

# 十三年荔香生涯，从卧薪尝胆到厚积薄发

郑季贤

郑季贤，原荔香中学校长

## 一

我于 1965 年考入华中师范大学物理系，“文革”爆发后学校教学活动中断，我被分配到军垦农场干活，接受解放军的再教育。当时我在湖北城湖的 8233 部队工作了一年半，后来分配到武汉市汉阳区拦江路中学担任高中物理教师。

1977 年恢复高考后，我所代班班级的高考物理成绩，连续几届都非常优秀，名列武汉市前茅。学校提拔我担任教导主任，后来我担任了该校主管教学的副校长。

1989 年，正是深圳特区处于改革开放的转型上升期，各行各业都面临着一些挑战，需要迎来一些新发展动力。目睹这种时代风云变幻，我对自己的前途有了一次深入的思考，希望南下深圳参与特区教育事业，为深圳教育发展做一些自己的贡献。

当然我也有私人原因的考量。当时我的姐姐在深圳南山医院工作，

她任小儿科主任。我们家有四姊妹，两个哥哥在武汉。姐姐希望将我调到深圳来，这样姐弟两家可以彼此照顾。我从武汉调过来之前，生活条件比较艰苦，虽然工作十几年了，却没分配到住房，只能住在学校里非常狭小的房子内。由于小孩子日渐长大了，这样生活不利于他们的身心健康。我希望来到深圳工作，也可以改善自己的生活条件和环境。

我和太太是华东师范大学物理系大学同班同学，当时都是高中物理教师。1989 年我们来到深圳，南头区教育局局长曾建中组织了对我们的考核，教育局领导和教研室主任都来听课，我和太太两人试讲。等我们试讲完，曾局长就说南山还没有这样高水平的高中物理老师，于是马上要调我们一起过来，到荔香中学任教。到如今，我想起当初曾局长拍板的那一幕，钦佩他的当机立断和宽阔襟怀。

在 90 年代初期时，南山教育还很落后，还是农村远郊教育阶段，由于经济、社会条件的限制，当时很多学校的教学和生活条件都比较差。

我来到荔香中学时，学校还是寄人篱下，借用南头小学的几间教室办学一年半，后来搬到新教学大楼后，一两年内也没有围墙、运动场，连实验室也不健全。

当时荔香中学是南山区的一所普通初级中学，创建于 1987 年，在建校初期时，办学条件既不完善也不达标，设施非常匮乏又简陋，开办前几年寄人篱下。学校教育经费非常少，当时要给老师发奖金，学校拿不出一分钱，我只好到附近村委会找村委会主任，请求他们支援，最多能拿到 2000 元钱，给每个老师发几十块钱。

当时荔香中学的生源主要是周边的南山村、向南村、南园村、大冲村、田厦村的农民、渔民家庭的子弟，很多孩子的爸爸逃港了，孩子缺乏家庭教育。另外一些生源的父母来自广东各地到深圳来做小生意的，这样学生的心理素质和文化教养比较差，缺乏良好的行为习惯，缺少进取向上的人生价值观，当时荔香中学的的老师，大部分都是大专学历，大专以下的老师占到 75% 以上，教学水平、经验和素质也很差，几乎没有经过任何考核，都是经过相互介绍进来的，还有一些利用裙带关系进来的。我在荔香中学当主管教学的副校长时，检查老师的教案，做期中考试后的质量分析和工作总结，对这种情况非常不满意。

由于教师队伍的教学经验少、水平低，生源质量又很差，这些方方面面的不利因素的交叉会合，导致学校初创时办学条件差、生源质量差、教师素质差，以及教学质量低、社会效益低的局面，当时就是一所典型的三差两低的基础薄弱学校。当时周围村民叫荔香中学为烂仔学校，我发给老师们的红校徽，老师们进校门时都戴上了，出校门就摘下来了，因为大家自己都觉得很丢脸。

1990 年荔香中学的学生参加第一届中考，位列全区倒数第一，全市倒数第二，已经跌到了最谷底。由于学校基础教育几乎是一片沙漠，要在这样劣质的教育土壤上培养出“花朵”，难度可想而知。

荔香中学在办学途中，遇到非常多的困难，可以说举步维艰，确实品尝过苦涩、心酸，那种不知道路在何方的困惑、迷茫，让我们徘徊探索了很长时间。

我本人曾在武汉当过十几年的校长，教物理课的高考的平均成绩是 73 分，而全湖北省的平均分是 50 分。虽然当时我已经 43 岁了，但是性格非常好强，我下定决心要做成一番事业，要迎难而上勇攀高峰，创造一番奇迹。

## 二

当时我们提出了奋力爬坡冲出低谷的口号，确定了两年之内打翻身仗的目标，就是一定要在 1992 年中考时在区内不垫底不拖后，一定要甩掉全市后十名的落后帽子。1993 年后中考上台阶进档次，跨进市区中等学校行列，这是我们的目标。

为了达到这个目标，我提出来要严格要求教学质量关，这是衡量学校办学水平高低的重要标志，同时保证单科教学质量，这是考核教师业绩的主要依据。学生成绩质量是反映学生基本文化素质的衡量标准，我们始终把这种质量关贯彻在教学管理和教学评价中，这样收到了很好的导向效果。

当时荔香中学有一个老师，他所教的班级在学校和全市都位列倒数第一名，于是我找这位老师谈话，最后将这位老师炒掉了。我们首先要求教学管理规范化、现代化，从严从细进行精准化管理。自从制定我们的奋斗目标后，我们又制定了荔香中学的教学常规和学习常规，完善教师的岗位责任制，建立了明确的五级管理机制，即校长、副校长、教导主任、教研组长和备课组长、任课教师的五级管理机制，做到了从上向下一级对一级实施管理，向上是一级对一级承担责任，这样就排除了梗阻的现象，畅通了反馈的信息，加快了管理的节奏和进程。

当时我们学校的教师中青年教师多、教育经验少。1991 年以前，学校老师参加各种教学竞赛活动全都名落孙山，榜上无名，我们经过研究后，决定重视备、教、改、导、考、习等六大教学环节，将其作为提高学校教学整体水平的基础工程来抓，并为此提出高标准严要求。

我每学期不少于两次检查老师的教案，每份教案我都要亲自过目并批示，然后由大家轮流观看、研究、评比教案。期中、期末的考试后，都会展开常规检查，分析讲评全校教师的教学经验，优秀老师上台去演讲，并表扬先进老师。

1994 年以来，很多学校都举办好课争优的比赛。就是由各备课组集体讨论，推荐备课组里比较好的教师，参加学校教学比赛评比。首先，备课组的老师都要在备课组内试讲，全体老师参加听课活动，然后大家充分讨论，对每位老师的课提出意见建议，最后推荐一位老师参加全校的好课争优比赛。

当时我们也组织、参加了这一比赛，我们请兄弟校的领导和老师都来听课，记得各单位到我们学校听课人数达到 349 人次。有一次，各教

郑季贤校长（左一）陪同刘焯铿局长参观学校

研组组织的备课组试讲课达700多节次，最后选出了16位老师参加学校好课争优比赛，进行了不同的教学方法和教学风格的交流。这样的教学比赛活动，提升了老师们的整体水平。荔香中学在南山区各种教学比赛活动中获奖8次，在全市的学科教研活动中有5位老师获奖。

荔香中学通过诱思探究实验、好课争优比赛等，逐渐提升了老师的教学水平和学科素养。老师经过自我磨炼和艰辛的努力，尝到了业务水平提升的甜头。我作为校长，同样参加备课组的活动，是备课组的一员，承担指导教学活动的责任。

另外，我们提高教学质量有个成功的做法，是把常规教学研究的重点的投放在一个不起眼的备课小组的建设上。备课小组的活动是一种规模最小，却最经常、最切实的教研活动，原来有句老话叫“三个臭皮匠，抵个诸葛亮”，所以这种活动的开展可以集思广益，互筹互补，可以让有经验的老教师以老带新，以强扶弱。

我们对备课小组提出了“七个统一”的要求，各学科都有6名备课老师，各位老师轮流坐庄来当主角，主持备课组的教学活动。“七个统一”是指：第一，统一制订教学计划和教学进度；第二，统一对教学大纲的理解和对教材重点难点认识；第三，统一研究、确定教学寻人的重点与难点；第四，统一课内作业、课外练习的处理；第五，统一单元过关的检测验收；第六，统一阶段性考试的命题，流水阅卷评分；第七，统一培优补差的计划，安排辅导工作。

由于这样的统筹安排，全校 20 个备课小组，都能够非常主动独立、注重实效地开展活动，每次活动都留有记录。这样就形成了学校常规教学的一个特色，使全校教师的整体教学水平得到很大提升，取得了很好的效果。

另外我们针对学校大面积存在“问题生”的情况，要求老师正视学生起点低、基础差的实际，引导老师特别关注这些有学习困难的学生。当时我们提出的口号就是要“三爱”——热爱、厚爱、偏爱“差生”。

我们的另一个口号就是，转化一个“差生”比培养一个优等生更为重要。我们在课堂上逐步探索出一条适合大量“差生”的教学方法，这个教学方法由我来起名，叫“小步走，先铺垫，多复现，上难点，快反馈”。这套模式是很实用的，将教学的标高定在中等偏上，并且抓中间带两头，达到多点兼顾齐头并进的效果。

学校还注重发挥学科的优势，因为我和太太都是教物理的，所以我还教一个班的物理课。通过全校师生的共同努力，教学成绩不断上升，中考成绩开始出类拔萃。1993 年时是采用原始分，没有所谓标准分，荔香中学的物理成绩平均分为 84 分，位列全市第四。

当时人们关注的是深圳实验学校、深圳中学这些重点学校，而荔香中学的物理成绩能够达到 84 分的高分，当时局长都说荔香中学是一枝独秀。到 1996 年时，连续三年，我们中考物理的标准分平均分都达到了 550 分，而全市的平均分是 500 分。

当时荔香中学的物理成绩在全市各区名列前茅，在全国物理竞赛中也取得了好成绩，以往都是重点中学学生的天下，但是荔香中学打破了这个记录。1995 年全国初中物理竞赛，梁明超同学获得深圳市第一名、全国竞赛二等奖，还有四名学生在应用物理竞赛中获得全国三等奖和省二等奖。1996 年刘笑盈同学再次获得全市第二名和全国奖项。

1993 年以来，我们的中考成绩合格率在 70% 左右，优秀率在 20% 以上。从 1993 年开始，连续六年中考成绩居全市第一档次，最好曾位列全市第八名，中考标准分一直保持在 520 到 535 分之间。当时全市的

获得首届办学效益奖 1800 万奖金时与市长、区长签协议书

中考成绩标准分是 500 分，那时全市将近有三分之一到四分之一的学校是 500 分以下，我们始终保持了在全市前十几名。

当时《中国教育报》来采访，记者写了一篇文题目为《三类田里产一类苗》，在深圳引起了很大反响。由于荔香中学的办学成绩取得如此大的进步，所以在 1996 年获得深圳市办学效益奖，这是对荔香中学长达十几年艰苦奋斗、励精图治的办学精神的充分肯定和嘉奖。这是南山区第一所中学获得的第一届办学效益奖，奖金高达 1800 万。

荔香中学在 1999 年顺利通过了深圳市市一级学校评估，我们评估的总分是 88 分，是市级学校里的最高分。2001 年我们又顺利地通过了广东省一级学校评估，是深圳市的单设初中首家被评为广东省一级学校的，也是最先通过广东省一级学校评估的学校。

## 三

1995 年，国家开始大力推进素质教育。在关于深化教育改革全面推进素质教育的决定中，要求改革人才的培养模式，积极实行启发式的讨论式教学，激发学生独立思考和创造性的意识，切实提高教学质量。

当时荔香中学课堂教学的现状，依然采用的是苏联传统的教学模式。课堂上，绝大多数教师是满堂灌输，照本宣科一讲到底，学生默默无闻被动地听课，仅仅局限于机械地记忆，这是学生获取知识的唯一认知方式。所以这种教学现状，很难大面积提高教学质量，要改变这种状态必须从改革入手，要寻找到一个既符合现代教育规律，又能够符合我们学校的教学实际的一个切入点。

就在我们确定教改方向，筛选科研课题的时候，陕西师大的张雄飞教授所主持的诱思探究的理论与实践的课题，引起了我们的兴趣。因为这一理论体现了学生为主体，教师为主导，训练为主线，思维为主攻的思想，是以掌握知识、发展能力、陶冶品德为内容的三维教学思想论。

经过慎重的分析和比较后，1996 年我们决定引进这个课题实验，开展探索实践，我们的实验经历了三个阶段。

第一阶段是探索起步阶段，从 1996 年 10 月到 1997 年的 10 月。这一阶段的重点是用诱思探究的理论转变教师的教育观念。我们选择初二这个年级的物理学科来进行实验，两个班级和两名教师参加了实验。在将近一年的时间里，参加试点的班级成绩和没有参加实验的班级的成绩进行平行对照证明，实验班取得了初步的成效，这样就为以后开展课题实验提供了可靠的依据。

第二阶段是扩大深入阶段，从 1997 年 9 月到 1998 年 7 月，在将近一年的时间里，我们把诱思探究实验推广到 7 个学科，确定了 16 位老师参加第二阶段的实验。

在这一段时间里，我们加大了理论学习的力度，组织全体教师学习了诱思探究的教学理论与实践的相关资料，还请张雄飞教授亲临学校来举办讲习班。

在这一阶段，要求 16 位老师每人要讲一节实验课，由张雄飞教授亲自指导讲评，全校教师参与观摩学习，学校教学研究的气氛空前活跃。每位老师都为认真为上实验课做教案设计，备课一丝不苟。对于教学过程的设计，同科组的老师都和张雄飞教授进行讨论，甚至有时讨论到深夜。

实验证明参加这一阶段的教师，他们的理论水平、诱思探究的思想能力和教学效果都得到了明显改善。学生的主体地位得到落实，能够自觉地参与思考和训练，主动性创造性明显提高，学习成绩也有比较大的进步。

第三阶段是推广收获阶段，从 1998 年 9 月到 2000 年 9 月，我们用两年时间全面推广，有高达 38 位老师参加了实验，覆盖了学校的 12 个学科。老师们应用诱思探究的方式，精心设计教学过程，使课堂学习生动活泼，学生充分得到发展。

当时我们已经开始广泛地使用幻灯、投影、录音、录像、多媒体手段，还制作了电脑课件、音乐伴奏、活动画面、个人摄像等教学辅助工具。我们开发了学生上台表演的课堂剧、相声小品等，这些艺术形式被引入了课堂教学，活跃了课堂气氛，使学生们能够自主学习。

课堂上学生自己亲身参与，去感受、去体会、认识和归纳知识，充分地体现了学生为主体、教师为主导的关系，完全改变了以往填鸭式机械灌输的学习方式。

诱思探究实验，给学校带来了可喜的变化。学校的课堂结构发生了深刻变化，导入新课情景设置巧妙，有效地激发了学生探索求知的欲望，调动了他们的学习积极性。教学过程中的每一个重要步骤、知识点的拓展深化，都始终贯彻着教师的“诱”和学生的“思”。

诱思探究，“诱”是指老师的诱导，“思”是学生的思维。老师们通过对规律、法则的学习过程，普遍演变为学生动脑、动口、动手，去观察思考、发现判断，变成了能够把握全局的导演和导游，老师就是导演、导游，引导学生来学习。实验取得了立竿见影的效果，在课堂上的反应是课堂活了，双面活动多了，教师就成了一个把握全局的一个导演、导游。

当时无论是深圳市还是佛山南海市，凡是市区组织的各类阶段性的统一考试，荔香中学参加诱思探究实验教师所在班级的成绩，都超过了校外同类学校或者校内非实验平行班的评价指标。这保证了学校的教学整体质量都稳居全市前列。1998 年中考，荔香中学在深圳市近 80 所中学中，昂首挺进了前八名，这是历史最好成绩。

郑季贤校长向市区教育局领导汇报学校工作

在诱思探究实验的过程中，教师的业务素质有了飞跃性的提高，一大批中青年教师脱颖而出。赵春雷老师在参加这个实验以后，教学水平和素养有了质的飞跃，因此摘取了广东省南粤教坛新秀的桂冠。语文老师陈卫平在全国及深圳市的语文教学基本功大赛中连获两次一等奖。学校老师在全国、广东省、深圳市、南山区各学科的竞赛和交流活动中，获奖累计达到了 40 人次。

在 2009 年荔香中学申报深圳市市一级学校评估时，评估小组对我们课堂教学进行评估检测，考察我们老师上课。当时市一级学校的合格率是 75%，而荔香中学合格比例达到了 87%，这就是诱思探究实验取得的成果。

2000 年时，全国诱思探究研讨会在荔香中学召开，全国各地的老师、西方国家比如荷兰的老师都来到我们学校，参加了这场诱思探究的会议。

## 四

1989 年我来到荔香中学时，学生的行为习惯是比较差的。我看到学生穿背心、拖鞋来上课。我想，要奋力爬坡走出低谷，一定要德育、智育两手抓，两个翅膀都要硬，必须健全和完善学校管理，养成学生良好的生活学习习惯。于是，我提出并构建了社会、家庭、学校三位一体的德育网络体系。

当时学校请了南山区公安局南头派出所的所长、副所长来学校担任法制副校长，经常请派出所的干警来学校开展法制教育。学校不断地组织学生走出校门，去武警六支队、大鹏教育基地、虎门、黄埔军校进行一些社会调查、军训、参观学习，在此基础上确定了做人、求生、强身、成才的八字校训，制定了荔香中学中学生日常行为规范，从学生的穿戴、发型、文明礼貌、学习习惯、日常行为等一条条地进行规范。

学校还建立了以班级为单位的“差生”转化档案，各班都制定了

“差生”的转化措施。为了使学生的思想工作做得更加细致到位，当时我提出一定要让学生的思想工作做到全方位齐抓共管，要求每一个班的科任老师与一到两名“差生”结成一对一的帮教指导对子，由这位老师不断对该生进行督促，进行帮教指导，这样减轻了班主任的压力，使指导学生思想工作更细致了。

在这件事上，我身体力行。每年初三年级最调皮的“差生”都交给我，我亲自跟他们交朋友谈心，甚至将20多名学生全部召来谈话，跟他们提很多要求，有时我直接去找他们，纠正他们的错误和缺点。

为了调动家长参与教育子女的积极性，学校经常将家长会开到村里去。每次都是我去开讲，讲深圳作为改革开放的窗口城市，未来对科技人才的要求越来越高。如果小孩子不好好读书，将来就很可能变成无业游民，一定会被时代淘汰出局。这样的家长会，也引起了他们的重视。通过学校和家长们的共同努力，很多“差生”在学习和品行上都有了巨大改善，使学校的校风、学风焕然一新，学校向一所优质现代化学校转变奋进。

从1989年到2001年，经过我们卧薪尝胆，励精图治，全体教师齐心协力，只争朝夕，以改革者的姿态积极开拓进取，逐渐使荔香中学步步上台阶，最后脱胎换骨焕然一新，成为深圳的优质初中学校。

# 从赤湾小学到南山实验教育集团

李先启

李先启，原南山实验学校校长

## 一

1982年我从四川师范大学数学系毕业后，分配到四川彭州市教师进修学校担任数学老师，给脱产小学教师讲小学数学教学法，这对我后来做校长有很大帮助。另外我负责全县民办教师的培训，范围包括全县的四个区，每一个点将近有五六十个民办教师，周六周日我分别在四个点上课。同时我还在电大兼任副校长教一些高等数学课。那时候很多乡村干部也没有学历，他们要读中专、大专，需要进行文化补课，我也给他们上数学课，而且是最受欢迎的，所以我基本上每天都在上课，从小学、初中、高中到大学的课，我全部都上过，工作担子很沉重。我还通过成人高考，考入四川教育行政学院，以函授方式学习教育管理专业。

我1984年开始担任主任，后来成为教师进修学校和电大副校长，是数学奥林匹克二级教练，被评为成都市第一批优秀教师。人们都说“四十不惑”，可是在我41岁，即工作将10年时，觉得自己很困惑迷茫。我发现我还要工作20年才退休，20年所要过的日子，我几乎一眼望到底，突然觉得这样相当无趣。我从小就有一种英雄情结，崇尚革命战火年代的战斗英雄，希望做一番轰轰烈烈的事。

那时中国改革开放方兴未艾，很多年轻人都投奔大城市闯荡事业。我觉得最有代表性的城市就是深圳，所以就萌发了去深圳的念头。当时我的朋友孙宗堂在南山工作，于是我于 1991 年 6 月底来深圳求职。

当时我首先想着找教师进修学校，觉得做老师也可以，不过那时南山只有电大，没有教师进修学校。后来有朋友提醒我，可以直接去找教育局刘焯铿局长。于是我直接去教育局，但是刘局长不在教育局，工作人员跟我说可以第二天早上来找他，刘局长可能 8 点左右从这里出发去广州。

第二天我很早就到了南山教育局，有人给我指点刘局长的汽车，于是我在汽车旁边等待，看到刘局长夹着公文包准备上车了。就在他拉开车门一瞬间，我跑过去跟刘局长打招呼，用 5 分钟介绍自己，并将自己的学历和证件给他看。

刘局长快速翻了一下，然后就说："我们这里没有教师进修学校，如果要你去小学，你愿不愿意？"当时我感到有难度，因为让我做小学老师我是无法胜任的，教小孩子不需要很高知识，但是需要很强的教学管理能力，当时我是不具备的。我可以教大学生、高中生、初中生，唯独教小学生，我明确表示不行。刘局长又问："那你做校长呢？"就在我犹豫不决时，刘局长拉开车门准备离开，看到这样我便果断说，"可以考虑。"

刘局长马上请李忠俊副局长过来，对他说："这个李先启老师还是很不错的，你考核一下。"接着李忠俊副局长马上安排了教研室有关人员，通知我第二天上午接受考核。第二天上午我首先做了一套题，其实是奥林匹克竞赛题，显然难度是比较大的。大概 1 个半小时我交了卷，我估计我能得 60 多分左右。后来我和负责考核我的教研室副主任谭炳麟交谈："我可能只能得 60 多分左右，自己心里有谱的。"他说："还好。我们数学系的研究生也只能得 40 分。毕竟题目很难。"

然后谭炳麟副主任组织一些教研员听我讲课，他随手拿出初中数学课本翻了一页，我看了一下说："那就讲勾股定理吧！"只有大概 20 分钟备课。我讲课的对象是 3 名教研员，有数学系的，还有其他系的。我就按照自己预先的设计讲解，如何引导学生，大概用了 30 分钟。其实我还是有点紧张，因为板书方面出了差错。但是出乎我意料，他们都给我鼓掌，我才如释重负。

第三个考核是，当天下午组织了各科室的人员对我面试，我现场作答，基本是快问快答。其中一个问题是："如果你做了校长，你如何处理与周边的关系？"当时我正常回答。后来我才知道这个问题大有玄机。

当时南山教育局和南山开发公司准备要联合办一所学校，就是后来的赤湾小学。据说南山开发公司最初是赵紫阳提出来的，负责开发赤湾港，规模设计比蛇口还大，包纳整个南头半岛。南山开发公司的一把手叫傅育宁，后来还做了招商局的一把手。当时傅育宁决定，南山开发公司出资建一所学校，供南山开发公司的员工和干部家庭的子女上学。当时在当地有一个赤湾小学，规模很小，教师水平不高，远远达不到南山开发公司的要求。南山开发公司的员工和干部家庭的孩子全部都不愿意上这个小学，当时每天有两辆甚至三辆大巴车将孩子们拉到育才一小和二小去上学。可以说，赤湾小学是南山教育从农村学校转变为城市学校的一个缩影。

南山开发公司与教育局达成共识，希望引进一个高素质的校长，然后来办这个学校，意思就是抛开这个小学新办一个学校，同时要将赤湾小学的老师接纳过来，还是有比较大难度的。

我了解了这些情况后，教育局又带我去南山开发公司接受考核，一起接受考核还有另外一位来应聘的校长。考核人员有南山开发公司的一个老总、公共事业部的李部长，教育局的科室主任、赤湾村村长陈太。恰逢那几天下雨，陈太村长出去摘了很多荔枝。那是我第一次吃到很新鲜的南山荔枝，所以记忆犹新。

他们向我们提问，并看我们的材料，后来决定选择我担任校长。我马上回到四川处理交接工作办手续，于 1992 年 2 月来到深圳正式接任校长职位。

我回忆起当初应聘校长的经历，依然心潮澎湃。其实我当时有机会可以去罗湖、福田应聘，但是我根本没有去，因为我非常欣赏刘焯铿局长。在决定我命运的不到 5 分钟时间里，他果断做出安排；他办事效率非常高，是雷厉风行的“深圳速度”。他知人善任唯才是举，这是很高超的领导艺术。

## 二

当时赤湾小学就在赤湾村中，占地面积只有几百平方米，只有一栋简陋的楼房，十几间教室，有 6 个班级，6 名老师，120 名学生。当时赤湾小学必须新建学校，否则除了码头工人和村民的孩子外，南山开发公司的中层干部和员工的子女绝对不会在这儿读书，那么他们公司势必也留不住人才。

赤湾小学新校由赤湾村出土地，南山开发公司出资，学校面积大概 2000 平方米，毗邻宋少帝墓。此前南山开发公司建办公大楼，发现此处面向大海的，左右都有炮台拱卫，结果刚开工就将宋少帝墓发掘出来了，于是就将办公大楼移了 300—400 米。

当时赤湾小学新建教学楼还是很漂亮的，像欧式城堡的风格，设计一个年级两个班，各种设备功能齐备，只是学校比较小，像一个袖珍学校。

我来到赤湾小学任校长，当时我思考了一系列问题：要组建优秀的教师队伍；吸引南山开发公司的员工将孩子留下来读书；要打造赤湾学校的特色，办成优质学校；与学校领导班子和谐相处。

当时南山区引进大量外地校长，能否与当地人士和谐相处，是大家面临的重大课题。当时赤湾小学学校的老校长叫叶国璜，主任叫何文芳，我和他们两人搭档组成学校领导班子。

叶国璜 18 岁高中毕业就到赤湾小学校做老师，在赤湾村工作了 30 年时间，将所有美好的年华都奉献了赤湾村的孩子们，一直兢兢业业做教育，我非常钦佩尊重他。

当时一个校长去另一个学校任校长，按照惯例应该是召开全校教职工大会，由局长宣布由新任校长，然后免去老校长职务。我去做校长之前，有关方面已经做了叶校长的工作，希望由他做副校长兼书记。

刘焯铿局长让我去找叶校长报到，我当时还是挺尴尬的。我跟叶校长坦言，我没有做过小学校长，希望他多指导赐教；我作为一个四川人来到遥远的深圳，希望彼此相互配合支持；因为赤湾小学过完年后就开学了，我希望一切工作都由叶校长和何主任安排，我先深入课堂听课；学校开学后需要的设备、装修，我只是提出建议，具体事宜由叶校长负责，由他掌握财权。我们三人合作得顺风顺水，将学校管理得井井有条。

我深入课堂听课，发现了一些问题，急需解决。首先学校教师队伍要优化，很多老师习惯穿拖鞋、短裤进学校，以这样老师的形象出现在讲台上，那些高管、白领看到后必定不满意这种风气。所以我刚开始以以身作则，每天西装革履打上领带，即便再炎热的天气，也是短袖衫长西裤穿皮鞋，绝对不穿短裤、拖鞋。我每天早上都很早等在校门口迎接老师和学生。所以我要求老师从改变形象开始，所有老师必须这样做，穿拖鞋、短裤一律禁止。叶校长也非常支持我的做法。

当时听课是我的重要工作，检查老师们的普通话、毛笔字、钢笔字、板书、简笔画等基本功，发现一些老师根本不过关。当时一些老师来自广东的山区，主要毕业于深圳教育学院，这个大学的毕业生包分配。这些老师的普通话很不标准，经过长时间培训依然如此。他们写字的笔顺、字迹也不漂亮。我觉得这些老师的教学水平很差，应该要想办法解决，否则贻害学生。因为学校 9 月份要招新生，能否让学生留下来并招到新生，是很紧迫的现实问题。

当时我和教育局、南山开发公司商量，有 5 名老师必须换。南山开发公司同意解决安排 3 名老师，另外两名老师要调离学校。在这一段时间，我选聘一些优秀老师，有些安排教一年级。因为一年级学生能留下来，学校才能持续成功。

结果发生了一场风波，有一名老师告发我。他是一个本科生，结果被我换了一名中等师范生。其实这位老师不知道中国的一种教育情况：中师现象。目前最有名的校长，或者目前 40 岁以上的小学校长，基本上都是出自于中等师范。因为当年的中等师范生跟现在的中等师范生不一样，是从初中生中挑最优秀的学生，经过中等师范的专业训练，普通话、形象、书法等经过了三年严格训练。

当时我招收了一位很优秀的中等师范老师彭敏，基本功非常好，钢笔字 10 级，三笔字相当规范，更重要的是对学生有爱心负责。彭老师就代替了本科毕业的老师。易伟湘也是中等师范毕业的，当年我听了她的课，推荐她去比赛拿到了全国一等奖。后来我和她都到了到南山实验学校，如今她是南山实验学校教育集团鼎泰实验学校的校长，可以说她是赤湾小学走出去的校长。

那位告发我的老师教一年级。一年级学生不会扫地，是需要耐心教他们的，这位老师不负责任，不在现场指导。所以我找他谈话："你不能做班主任了，普通话说不准，字又写不顺很难看，对孩子成长很不好。"

当时我提出一个理念：学生利益第一。在所有的利益中，学生的利益排第一，其他的利益都要让位。所以我们调动这个老师伤害了他的利益，老师的利益为什么不能第一呢？老师和学生的利益不会是完全一致的。一个不合格的老师，他不是害一帮人，他是要害几代人。如果他教的学生中还有做老师的，那就像滚雪球一样贻害无穷。

当时老师以种种理由去告发我，他还找了一些关系，包括南山开发公司的老总，这个老总的太太是区人大常委。教育局也很重视。当时那位中等师范老师还没调进来，我也还在试用阶段，要到 9 月份才正式调来。当时区委领导说："李先启怎么这样呢？我们这么多人说他都不听。"

可是那时我的心意已决，势难动摇，我表示："我情愿回彭州，回到四川，也要坚持这么做。"

后来领导就派了教育局的一个调查组下来，由各科室的科长带队。在这个关键时刻，如果叶校长和何主任只要说我一句坏话，我就万劫难复只能打道回府了，但是我没想到叶校长和何主任坚决支持我。他们说这件事情是我们三人共同商量的，不是我一个人决定的。我这样做有益于赤湾小学，要办好赤湾小学必须要这样。

我和叶校长的合作被称为南山区外来校长和本地校长共同办好学校的典范。我和他相处非常好，我非常感谢他。叶校长一直在赤湾小学工作到退休。

刘焯铿局长是这样评价这件事的："其实领导的话不一定全部要听，像李校长这样的事情，该坚持的还得坚持。"他这些话不是跟我说的，是跟别人的时候说的。回想起这件事，确实有些凶险，如果我处理不好，我只能回四川了。可喜的是，到了7、8月份新生报名时，南山开发公司家属的孩子全部都留在赤湾小学。

李先启校长在南山区赤湾小学给6年级学生上数学奥林匹克（1993年）

后来赤湾小学接受省一级学校的评估，对赤湾小学的评价是这样的："赤湾小学的老师没有人炒股；没人补课收费；这是两个没有。有什么呢？有晚上坚持工作的，免费给孩子补课的。”这是很重要的评价。还有对教师的第二点评价，考察所有的老师讲课，100% 优良。赤湾小学成为了海湾明珠，是南山教育崛起的新星。

## 三

因为我是从电大出来的，所以我非常重视电化教学。我很早就读了“三论”，即系统论、控制论、信息论，这是影响全人类的思想。像系统论，任何事情都是一个系统，一件小事打破了一个系统，会引起整个系统震动，但是你做好了，实际是系统性的变化。信息论谈到了人类已经从农业社会经过工业社会进入信息社会了。当时已经出现了电视了，电视相比传统报纸，它的信息扩散更广泛、更快、影响更大。所以从报纸、广播过渡到电视，然后再过渡到互联网。互联网之后出现智能手机和 iPad，又是一个划时代的事情。

当时我们做了“五机一幕”进教室。当时的“五机”是：电视机、收录机、录像机、投影仪、幻灯机，打破了以前用黑板、粉笔教学的模式。

1992 年美国总统布什提出“信息高速公路”的概念，当时由于互联网已出现了，我适时在赤湾小学实践“信息高速公路”的概念，开始广布电视线，其实就是共享多媒体资源。

“五机一幕”进赤湾是一个阶段性成果，由于当时做得很先进很轰动，所以 1994 年在赤湾小学召开珠江三角洲电化教育现场会，由广东省电教馆和深圳市教育局召开。

当时很多老师参与了“五机一幕”进教室，写出了自己的教学体会和教育总结经验，印了一个小册子。后来我才知道，市教育局梁局长看到这些小册子非常激动，“这是深圳市小学里面第一次出现的论文集”。在电话教育理论上和实践上，我也写相关文章。

当时刘迅任教科所所长，他看了我的论文，认可赤湾小学的电化教学。他带了上海著名教育家吕型伟到过赤湾小学。吕型伟看了之后说：“这个代表中国将来的发展方向，没想到赤湾小学能做成这个样子。”

## 四

当时南头小学是南山区的名校，经过刘湘生校长的打造，成为广东省一级学校。那时的广东省的一级学校，在南山区只有育才一小、育才二小、华侨城小学以及南头小学。刘校长后来离任，需要在全区选校长。当时刘迅局长决定调我到南头小学当校长。他还叮嘱我，要把信息基础和电话教育继续发扬光大。1994 年 8 月，我到南头小学任校长。

1995 年前是传统的电化教育，比如“五机一幕”。1995 年开始用电脑制作课件了，可替代幻灯片、录像机等，但电脑不能共享，它一定要通过网络。在赤湾小学时还没有实现网络，到了南头小学后我就重点研究网络。

比如只有录像带，通过利用网络，可以实现所有教室共同观看。那时传统网线不像现在的光纤，需要打电话给播放室，播放室才开始播放，是很被动的。另外我要倒过来看，重放一遍也不行。

1995 年我们要建校园网，我当时提出一个要求，希望实现很多人可同时看不同的视频节目，满足学生个性化需求。比如这个班有 50 个人，每人一台电脑。要看一个录像片，视频是拷贝的，文字传输量很小，考验我们的网络。50 个孩子可以不一定看同一部。有的看得快有的看得慢；你可能看了不回看，我要回看。当时我设计这个网络至少有 50 个不同的视频，所有学生看不同视频而不相互冲突。就好像一个校园控制中心有很多信息，不要人工管理。我要点什么节目的时候，就自动去数据库库里调取。

我一直在寻找可解决这个技术难题的专家。1998 年石家庄陆军指挥学院的邓祖道教授解决了这个问题，他首先在军事学院做了这个事情，当时他在杂志上发表了论文。

李局长在省里开了一个会议，会上决定将广州天河区和深圳南山区定位为“信息技术实验先进区”。当天晚上李局长就给我打电话，我说要达到先进区标准必须建这个校园网。他说，“我们一定要开始建”。毫无疑问，需要巨额投资。

我记得当时找了一家黎明公司，上交所和深交所的股票网络都是这家公司做的。我们委托他们做设计，邓祖道教授做指导。当时邓祖道教授已经是教育部信息化领导小组的副组长，他参与给我们做设计。这个校园网于 1998 年建成，邓教授评价这是“中国小学第一网”。

当时这是深圳市第一所学校用光纤，因为网络传输数据量太大，必须要用光纤。当时全深圳市申请光纤只有 3 家，就我们学校和两家网络公司申请，价格非常昂贵。

用网络最大好处就是用光纤传输数据实现资源共享，建立庞大资源库。当时这个资源库是一所学校用，后来就发展到 4 所小学、2 所初中、1 间幼儿园，全部用光纤连在一起自成体系。后来教育局的信息大厦修好以后，我们又跟教育局的网络连起来。

南山实验学校的资源库建好后，所有学校共享这个资源库。所以南山实验学校的信息化教育在全国处于领先水平，位居前三甲。教育界流行一句话：高中看天津的耀华中学；初中、小学看南山实验学校。

信息化教育不仅带来教学变化，用电脑做课件，同时也培养了信息化的教师和管理人员。比如唐晓勇老师，已经是信息化教育的知名专家，全国很多电教馆经常请他讲课。罗朝宣也是在这样环境下成长起来的。我们学校参加全国信息技术大会，拿了 6 个奖，其中 3 个一等奖，2 个二等奖。

南山实验学校是全国第一批用平板电脑进行教学的学校。iPad 最初是作为奢侈品，是娱乐明星的玩具。那时我觉得 iPad 是一个很好的教学工具，认为信息化教育已进入第二个时代，从有线到无线打破了时间和空间的距离。现在 iPad 进课堂已经很普遍了，备课内容就放在里面。

## 五

2000年开始，我们申办南山实验学校。当时家长都在反映：你们怎么不申办初中呢？所以我们就申办初中。当时南头小学已经是金字招牌了，我们敢不敢放弃这个名字重新打造品牌？所以大家讨论后，决定创办深圳南山实验学校，并实现集团化办学，成立南山实验教育集团，于2001年5月挂牌。首先建立的第一所小学就是麒麟小学，2003年鼎泰小学建成，2004年麒麟中学建成，2007年荔林小学建成，2013荔林中学更名南海中学。所以南山实验学校集团的规模就是2所中学、4所小学。

集团化办学的好处是教育均衡化，实现优质教育共享，体现教育公平。深圳是一个发展很快的城市，建立了很多新学校。2003年鼎泰小学开办时，我也没心去收这个学校。5月时刘晓明局长问我："你要不要这所学校？"我说："我去看一下。"他说："5月份新生报名，所有学生加起来共102个学生，整个学校招不到学生。你愿意要就集团化办学，可以向发展商要资源。"最后我们和发展商谈好，发展商提前修好操场、食堂，然后我们就进驻这所新学校，到开学时有1000多名学生入学。

名校办新校，这是我们的模式，是比较成功的。南山实验学校有这样的特点：全国的集团化是水平横向发展，大多数集团化学校大部分都是小学。南山实验学校是横向、纵向都发展，小学从1所扩大到4所，同时向上扩大到初中，向下扩大到幼儿园。

集团化办学将学校文化带到新学校，选择精干的管理团队和教师团队作为种子队伍，将一所所新学校办好。就像普洱茶效应，越泡越浓。一般学校或企业它会做大，但不一定做强，会把浓茶泡淡。但是我们把淡茶泡浓，采取两条主要措施：第一是学校网络化，代替新的学校；第二是建立精干的教师队伍。

南山实验教育集团是最早的集团化办学的倡导者和实践者之一，当初的目的是希望教育均衡化。但是发展到太大规模时，对学校实际上并不好。我觉得好的学校，还是校长要把教职工全都认识，如果校长连自己的教职工都不认识，更何况学生。我觉得最好的学校应该是校长连学生都能认识。

所以我曾经建议，要把南山实验学校分成两个团队。比方说，两所小学加一个中学，它是一个主团。现在的集团越来越大了，不一定是好事，某种情况下走到极端也不好。还有一点就是，一个好校长是一所好学校。集团太大的时候，如果校长好，集团良性发展；如果校长差的话，有可能是灾难性的。

## 六

在南头小学时，我们提出培养学生的总目标：做人，做中国人，做特区现代中国人。这是我改进一个教育家陈鹤琴话得来的。一个学校培养什么人？首先是做人，简单的解读就是要有人类共有的优秀品质。勇敢、善良、有爱心，是人类共有的。做中国人简单讲就是爱自己的祖国，爱传统文化。做特区现代中国人就是得有现代意识。2006年我又加了一句话：做有移动能力的世界人，即有较强的语言能力；与其他民族和国家打交道的价值观；容纳别人的价值观和认同别人文化的能力。

我的办学指导思想是“面向全体，全面发展，突出个性，培养能力”这16字。面向全体——就是所有的学生，我们都要给他良好的教育，而不是把人分成几等；全面发展——小学和初中阶段其实它是打基础的阶段，它不能有所偏废。不仅仅重视语、数、英学科，也培养艺术、运动的兴趣爱好，需要全面发展。突出个性——对每一个孩子的教育要因材施教，用同一方法、同一内容、同一评价对孩子教育是不公平的，也是行不通的。教育部制定的10年规划发展纲要中，最核心的一句话就是“办适合每一个孩子的教育”，提出教育要适合每一个孩子。

将来理想的教育是我们主动适合孩子。培养能力——培养多种能力，这是我们的核心理念和办学思想。

我在 2007 年提出“教育就是播种爱”的理念，形象地把播种爱形容为：有 8 颗种子，第 1 颗种子是爱人；第 2 颗是爱大自然；第 3 颗是爱学习；第 4 颗是爱生命；第 5 颗是爱梦想；第 6 颗是爱真；第 7 颗是爱善；第 8 颗是爱美。我们教育播种爱就是播这 8 颗种子。

我提到用学校文化去发展新学校，那么学校文化包括三方面：第一是价值观体系叫做精神文化；第二规则体系，实际上称为制度文化；第三环境文化，在企业叫 VI，有叫做校园文化。综合起来就是你的形象啊、你的雕塑啊、你的旗帜啊等等这样构成的。

## 七

1996 年南头小学艺术团出访法国参加艺术节，然后代表中国文化部作为友好艺术团去到非洲多哥和贝宁访问演出。多哥首都洛美和深圳是友好城市。我们在多哥时，去了多哥总统故乡，在中国援建的剧院演出。当时非洲和中国关系处于低潮期，中国希望通过友好访问加强双边关系。我们也去了贝宁首都进行友好演出访问。后来多哥洛美市长和贝宁文化部长都回访了南山实验学校。

一般艺术团都是以一个城市为代表，而我们是学校。我们艺术团参加了七次这样的活动，每两年出访一次。自从出访后媒体每天有大量跟踪报道，这些都说明了南头小学的文化品味和艺术成就。

有一个女孩子叫刘然，当年她 8 岁跟我们一起出访，在出访的过程中她增长了很多见识。我跟她讲了很多故事，她后来就立志要做一个外交官。2009 年我们艺术团再次去法国参加艺术节，这时她已在加拿大皇后学院留学。学校派她到英国作交流，然后我们跟她联系，她从英国到法国巴黎，我们约定在凯旋门那里见面。13 年后她已经是 21 岁的大姑娘了。有一个拉二胡的女孩，后来她去了四川音乐学院。自从她参加

1996 年 7 月，黄水桂副区长带领以南头小学为主组成的“中国深圳少儿艺术团”代表文化部访问多哥、贝宁，参加法国国际艺术节（后排右一李先启、右二黄水桂、左三罗彩文）

了艺术节后，她的照片到处都贴着，整个小镇都有她的宣传。她的信心就爆棚了。她那时候大概 12 岁，后来成为了女子十二乐坊一员。还有一个叫谷浪的学生，他随我们第三次出访，2008 年奥运会时他还是儿童，他参加了演出。

1996 年张高丽书记新任深圳市市委书记，他到南头小学来考察。听我们的领导说，在一次深圳市处级以上干部会议上，张书记就表扬了两个单位，一个是华为，另一个是南头小学。

当时我陪张高丽书记参观，他刚进来时就说："这个学校不错啊！"我带他参观了学校的自然室、陶艺室，然后到了二楼的舞蹈室、书法室。他说："你们学校比广州好多啦，比有名的学校还好。"然后又到四楼电脑功能室等参观，本来预计参观半小时，实际上超过一个小时。他跟我说："你们这个学校全国都很少。"

另外我非常重视老师的培养。我做校长期间，所有英语老师全部去国外培训过至少一个月时间。2007 年麒麟中学跟加拿大列治文市教育局合办国际班，走向教育的国际化。加拿大列治文市派出资深老师来任教。办国际班要克服很多困难，外教要把国外教材和我们的教材结合起来。我们初中班绝大多数人是针对中考的，不是出国的。国际班开始时，在平行的 12 班中成绩是最差的。很惊讶的是，在二年级参加教育部的测试中，这个班成绩优异。同年级的 12 个班中，其他 11 个班这 4 种颜色都有，唯独这个班全绿。（教育部测试分 ABCD 四等：A 等是绿色；B 等是黄色的；C 等是橙色的；D 等是红色的）

后来我们才发现，这个班外教的教育理念、操作方式，与国内有很大差距。通过这个国际班我们向外国同行学习了很多，我们老师相当于跟着外教培训。结果出现一个奇特现象：这个班英语强了，数学在全年级也是第一，语文也是全年级第一。因为我们给这个班派的都是年轻肯学的老师去。这些孩子受了这些国外资深优秀老师的教育后，要求老师也有变化，所以其他各科居然都在全年级第一。

这就是说，我们的素质教育其实也不排斥分数，只要你真做好的话，学生的分数一定是高的。所以说，通过办国际班，我们有了很大的收获。

## 八

在南山教育工作的20年间，我遇见一群德才兼备的精英才俊，特别是几位高瞻远瞩、有魄力、有格局的局长，他们对我的宽容大度让我感动，他们对我的无私帮助让我难忘。

刘焯铿局长的五分钟的决定，永远留在我的脑海中。这种拥有真正智慧大胸怀的人才能做到。刘迅局长很有魄力有胆识，当初我从赤湾小学到南头小学，正是因为他的引导。李忠俊局长非常宽厚低调，我称他为我的恩师。

黄水桂副区长非常宽怀，我们第一次艺术团出访，他亲自跟我们一起去。在非洲我们相处得非常好。罗敏副区长思维很敏锐。当时我们有一个项目叫“8岁能读会写”在全国非常有名。她对这个项目非常赞赏，并在区里推广，让我很敬佩。

最后我不得不提到南山区人事局局长王潮安。南山的教育之所以走向辉煌，首先是引进了一大批优秀的校长。在人才引进上，人事局对教育局给予了大力支持。

我觉得深圳最可贵之处，就是在保持深圳速度的同时，还能保持干部队伍的廉洁。南山区教育局领导、人事局领导，我没有请他们吃过一次饭，没送过什么礼物。

我想我是幸运的，从四川来到深圳，融入我钟情的教育大家园中，实现了我的理想。南山教育一幕幕感动温情的故事，依然历历在目。南山教育人质朴的情怀和高贵的理想主义，一直感动我。从赤湾小学走到南山教育集团，经历了一段激情燃烧的岁月，让我永生难忘。

# 做一名守护蛇口教育的老兵

郑耀辉

郑耀辉，原蛇口中学校长兼蛇口小学校长

## 一

在亿万年前，蛇口一带应该是浩瀚大海，可是谁能想改革开发的第一炮在这儿打响？我也没想到从师范学校毕业后，就根植在这片教育热土上，一直陪伴着这儿的学校。

1965 我从宝安县南头中学考入华南师范大学化学系，成了“文革”前最后一届大学生。我深知来之不易，在学校就发誓不能忘记党和政府的培养，要回报社会造福家乡父老。1970 年大学毕业后，我毅然挑着行李回到“政治边防区”宝安县，不久，我就被分配到刚刚创建的蛇口中学。

那时的蛇口是一片荒芜冷清的海滩，人口十分稀少，海边是渔业二村渔民搭的几间稀疏破落的草棚和瓦房，镇上只有一条狭窄的街道。原住民湾厦人是种田地的，人们的生活穷困潦倒，更别提其他文化事业了。

当地村民和渔民生活艰苦，他们希望在此地建立学校，让儿女子孙学习知识改变命运。早在 1946 年由美国和南洋华侨建立了湾厦小学，这是蛇口学校的最早源头。后来相继建立了大铲岛小学、蛇口渔民小学、内伶仃岛军民学校。教育的火种在蛇口广泛撒播，给这片海边的土地带来了教育之光。

那时当地学生读完小学后，要到南头中学去读初、高中。虽然湾厦小学和蛇口渔民小学有所谓的“附设初中班”即“带帽初中”，但毕竟是不成规模系统的。当地村民认为必须要创办蛇口中学，培养自家子弟人才，这种兴教育才的观念十分强烈。可以说，蛇口地区的教育有着浓厚的本土特色，非常朴实接地气，与当地人民唇齿相依荣辱与共。

刚创办蛇口中学时举步维艰，一无校舍，二无资金，三无设备。湾厦村主动腾出一个仓库，楼下作为教室，阁楼是校长和老师的办公室和宿舍。阁楼极为简陋破落，晚上校长和老师们就躺在床上开“卧谈会”，讨论研究办学和教学问题。关于学校的建设、管理和发展蛇中的重大决策都是在这座小阁楼上诞生的。

蛇口中学第一任校长是原东江纵队游击队队长吴湛，还有 3 位老师，29 名高中班学生。由于缺少教师，我除了教化学课外，还要教机电课、音乐、美术、体育以及带文艺宣传队。到了第三任校长伍福森时，学校开始了轰轰烈烈的教育改革浪潮，贯彻毛主席的“五七”指示，开门办学，学生不单学文，也要学工、学农、学军。我带领学生开辟农场，种菜、养猪、上山采中草药、下海养蚝、进村防治白蚁，受到广大村民的欢迎。学生也得到锻炼，德智体全面发展。每年春秋两次的农忙假，我带着全体学生到生产队割水稻、收花生、摘荔枝、修水塘，与农民打成一片，鱼水相依。学校与当地百姓的关系十分融洽，村民戏称我是他们的“半个生产队长”。

## 二

1988 年，我被提拔为蛇口中学副校长兼蛇口小学校长。上任后，我大刀阔斧地进行了一系列改革，奋发图强、励精图治。曾创造了五年内连上三个台阶的奇迹。蛇口小学在 1992 年评为“区一级学校”，1996 年评为“市一级学校”，1997 年评为“省一级学校”。学校的校风、教风、学风焕然一新，赢得了各级政府和教育部门的赞誉和认可。

这些辉煌的成就背后，是蛇口小学全体教师的辛勤奉献，包含着很多人的辛酸血泪，取得这一成绩是极不容易的。

记得在蛇口小学迎接“省一级学校”评估期间，在长达半年时间内，我和搭档张坤生副校长经常要忙到凌晨一点后才休息。在评估前一天，我们又忙到半夜 3 点，结果张坤生晕倒在操场上不省人事。经抢救半晌后她才苏醒过来，这件事想来依然觉得心酸难过。

蛇口小学在周围名校林立环伺的情况下，依然发挥了敢打敢拼敢探索的精神，将学校办得有声有色，在德育、体育、艺术和科学四个方面有自己鲜明的个性风采，在南山教育界取得了比较大的影响力。

我“八上井冈山”的故事常常成为人们的美谈。为了弘扬革命精神，早在 1989 年，蛇口小学就与井冈山小学建立了“手拉手”关系。每年暑假我就分期分批地组织师生上井冈山，捐赠物资、访贫问苦、参观革命遗址，游览大好河山，后来发展到送教上门、与当地农民和军烈属同吃同住同劳动。这项活动一直坚持了 10 年，我带队上山就去了 8 次。在我的带领下，老师的精神面貌发生了深刻变化，勤奋、俭朴、艰苦奋斗、爱岗敬业、热爱学生的风气逐渐形成，学生的行为习惯、礼仪与纪律、学习状态也发生了根本的改变。

广州乐贤坊小学是省一级学校，也是广东省第一所德育红旗学校。我就带领老师到这所学校取经学习，发现该校学生的广播操做的非常好，师生的精神面貌非同一般。我意识到，广播操是个突破点，抓好广播操，严明了纪律规范，也会促进学风的改善。我要求班主任和体育老师将抓广播操当成重点工作。蛇口小学迎接省一级学校评估时，评估人员对全校学生充沛饱满的精神、整齐划一的动作，给予了一致的赞叹。由此，蛇口小学广播操的口碑广为传播，南山区教育局将其推广到全区，很多南山学校上门来学习广播操，后来深圳市的很多中小学也慕名来学习。全国教育督导主任的现场会议在蛇口小学召开，观摩学习蛇口小学的广播操。

蛇口小学校园电视台成立于1998年，是南山区第一家校园电视台。电视台开辟了六大专栏，有报道校园新闻的“校园百叶窗”、介绍各种知识的“知识百花园”、采访报道优秀学生的“星星红黄蓝”、模仿央视栏目探讨问题的“校园焦点访谈”、英语学习节目“Happy English”以及对外拓展视野的“眼中的世界”，累计制作了300多期节目，先后培养了蔡山山、蒋庆节、冯铁慧、郑晓敏等四任台长。

电视节目于每周一、周三固定播出，每次10分钟左右，这两天早上全体师生都看电视，它成为学校素质教育的校本课程。由于播放的内容都是学生们熟悉的老师和同学，是身边发生耳熟能详的事，学生们都很欣喜看这样的节目，

各栏目由老师们主编，刚开始他们对制作节目也不懂，都是一步步学习摸索，完全凭着一股冲劲和热情来工作，而且老师们都是牺牲课余时间来做节目，虽然最后呈现出来的只有10分钟的节目，却要耗费他们们几个小时甚至几天的时间和精力，是非常辛苦不易的。

办电视台对老师和学生们是极好的锻炼，在学生中培养出了很多小记者、小主持人、小摄影员和小播音员，后来不少学生考上了传媒大学。蛇小电视台荣获全国首届优秀校园电视台荣誉，并连续三年被评为全国百佳校园电视台。2004年时，中国教育协会会长宋成栋亲自为蛇小电视台题字。

蛇口小学曾建立了一个“火花展览室”，将各种火柴盒的标贴收集起来，共4000多枚，为此专门开辟一个教室改造成展览室。虽然火柴盒小小一枚，但它蕴含了不同的历史、文化、戏剧、民俗等知识，可以让学生从中学习到知识，体会到奇趣，是一种绝妙的文化熏陶。正是“方寸天地，融中华文化；举目之间，知世界风土人情”。

展览室建好后，学校组织学生定期分批参观，了解学习火柴盒中蕴含的文化内涵。学生们从这个小小的展览室中，就可以探索驰骋世界方

郑耀辉校长（右三）出席蛇口学校和井冈山小学手拉手活动

域，遨游于各种灿烂文化中。为此学校还专门培养了一些学生解说员，每次有领导或嘉宾来参观时，这些小解说员都会说得头头是道不逊老师。南山区教育局将蛇口小学火花展览室定为南山区德育基地。

蛇口小学的学生来自当地村民、渔民和蚝民家庭，这种家庭背景蕴含的经济、文化因素差异，使我们意识到必须要找到适合蛇口小学的特色发展道路。

我很早就认识到发展体育的重要性，学校体育工作走在深圳市前列。蛇口小学学生肯吃苦耐劳，没有娇生惯养，有利于打造体育特色。于是我们将体育作为学校发展的增长点和亮点打造，以点带面促进学生全面发展。

篮球一直是蛇口小学的亮点，无论是教工队还是学生队，都能在各类比赛中打出好成绩。在“金牌教练”周文忠的执教下，蛇口小学学生队曾在南山区篮球比赛中豪取六连冠，表现出了力冠群雄的实力。蛇口小学教师篮球队也曾连续四年拿到南山区园丁杯冠军。

除了球类运动，田径项目也是蛇口小学的优势，蛇口小学多次代表南山区参加各种运动会比赛，拿到了非常好的成绩。蛇口小学的艺术教育也是一枝独秀，赵枝老师带队“五彩石”合唱团坚持20年磨一剑，在拉脱维亚举行的2017世界合唱大奖赛暨第三届欧洲国际合唱节上，双双斩获童声组公开赛冠军和大奖赛金奖。

## 三

蛇口中学诞生后，经历了多次波折，命运多舛，最初是纯高中，到1978年高中停办保留初中，1983年又开办职业高中，1992年恢复普通高中，2001年停办高中，2003年将初中、小学合并成蛇口学校。反反复复地不停折腾，也让蛇口中学元气受伤，无法维持一种稳定持续的办学模式。

1983年，深圳市教育局宣布要撤销蛇口中学。这让蛇口人如蒙重击，万分焦虑，湾厦村莫锦华书记挺身而出，出面斡旋解决此事，最后通过莫书记等人大代表的努力，蛇口中学保住了，不过改办成职业高中。

在谈到蛇口学校的历史时，必须要提到一个重要人物——原湾厦实业股份有限公司董事长莫锦华先生，很多人尊称为“莫老爷”。他出生于1945年，南头中学高中毕业，是当年的学生会主席。因为“文化大革命”的爆发，他失去了报考大学的机会。

1968年莫锦华回到湾厦村（当时湾厦村包括今天湾厦、南水、水湾、围仔、雷岭等多个社区），由于村里只有他读过高中，再加上他工作踏实，1973年时大家推举他担任湾厦村党支部书记。1992年在莫锦华的领导下成立了湾厦实业股份有限公司，他出任董事长。

莫锦华接受过正统高中教育，有高于常人的远见卓识，他希望蛇口这片土地可以摆脱贫困，希望可以带领湾厦村民过上幸福生活。要实现这一点，兴办教育是重要途径。他希望培养村民孩子，拿出大量奖学金助学金，让更多蛇口子弟考上大学。这些学生大学毕业后，还可以回到蛇口工作，建设家乡。

1971年，湾厦村向蛇口中学免费提供了围仔山的土地，让学校搬迁到这里建立新校舍。这儿原本是一片荔枝林，湾厦村没有收取征地费，只是象征性地收取了每棵荔枝300元。

莫锦华和村民们一直非常注重对教育的投入，多年来湾厦股份公司先后拿出4多万平方米的土地，无偿支持蛇口当地教育事业，还于1987年和2001年两次投资300万元，在原湾厦小学的原址上兴建了湾厦幼儿园。

莫锦华书记还成立了蛇口学校董事会，将蛇口小学、蛇口中学、海湾小学、东湾小学、湾厦幼儿园纳入董事会，莫锦华书记任董事长，我担任了秘书长。这个董事会的目标在于规划、协调各学校的发展，同时团结蛇口六大村委，共同支持蛇口当地的教育事业。董事会发动区内各大企业、各股份公司为学校捐款。它曾通过蛇口办事处的房地产公司经理廖恩来，向学校基金会共捐款100多万元。校董会还积极支持了教育基金百万行的活动，得到了区委、区政府、南山区教育局和蛇口办事处的高度好评。

在每年教师节时，莫书记都会号召各股份公司给学校老师发送节日福利，请蛇口地区全体教师聚会，给老师们发奖金、发月饼，很多老师体会到这种学校与社区居民融为一体的亲切感，受到莫大激励鼓舞。

莫书记非常关心学校老师，对教师引进调动给予大力支持。每当学校在调人遇到困难时，莫书记就会亲自去跟区人事局斡旋，通过他的努力，学校引进了不少优秀教师。

对蛇口学校领导班子的更迭、校长的任命，莫锦华书记都给予了极大的关注，特别是蛇口中小学合并成为蛇口学校时，莫书记对新任校长的举荐、考核严格把关，保证了领导班子的平稳过渡，为蛇口学校开创教育教学新局面奠定了基础。

莫书记和当地党委部门如此重视蛇口学校校长的任命，说明当地人民对学校的挚爱与支持。正是以他为代表的的蛇口人民的支持，学校才能在一次次的危机困难中挺过来，一步步跨过那些艰难险阻走向成功。如果说蛇口学校是鱼，那么蛇口当地人民便是水，正是有了水的涵养，我们学校才能在蛇口这片土地上继续乘风破浪勇往直前。

## 四

蛇口学校是供当地村民、渔民和蚝民子弟上学的区域性平民学校，它为蛇口地区培养了很多人才，一些学生成为有影响力的栋梁之才。这些校友不声张不宣扬，默默地为社会奉献才华和智慧，这与淳朴低调的蛇口人的精神气质是一脉相承的。

从1972年开始，蛇口中学至今共培养了45届毕业生，共计15000人，在蛇口当地，各大股份公司的董事长和十大社区的党委书记，都是清一色的蛇口中学毕业生。现任香江集团董事局主席刘志强、香港（蛇

蛇口中学 78 届高中毕业生合影

口）同乡会会长张志聪先生、原深圳市政府秘书长陈文江，即是蛇口中学毕业生中的佼佼者。

郑耀辉校长陪同陈小娅副部长考察蛇口学校

蛇口学校发扬了艰苦奋斗、励精图治、奋发图强的精神，并一直将其融汇贯穿于整个办学历程中。学校领导班子坚持这种精神理念，直面现实。创办蛇口中学时，伍福森校长发挥着老革命的艰苦奋斗、勤俭节约、踏实耐劳的精神，凭着一股“老黄牛”的坚韧执着，带领全校师生自主办学。学校的运动场是老师带着学生，用锄头、铁铲、扁担、手推车等工具一锹一铲平整出来的，不到一个学期就建成的，12 米深的水井也是师生挖成的。这种自力更生、艰苦奋斗的精神，值得所有蛇口学校后辈铭记。

蛇口小学历任13任校长，蛇口中学历任10任校长，他们自力更生、薪火相传、开拓创新，铸造了学校历史文化内涵，谱写了文化传承的动人记忆。

蛇口学校坚持“健康第一”的教育理念，在重视智育的基础上，不盲目追求分数和升学率，大力发展素质教育，在体育、艺术和科技上百花齐放，打造了具有蛇口特色的办学文化，彰显了蛇口人的魅力风采。

蛇口小学、中学培养大量人才，是“校长的摇篮”，很多人成为南山教育的领导力量，如张坤生、邓晋标、吴彦、戴洪晖、蔡日建、蒋庆节、文铁波、范刚、罗小波、叶小勇、湛卉莎、李惠、张泉、肖嘉睿、叶丽芬、于洋等。

## 五

东湾小学是一所公益民办学校，创办于 1997 年，伍福森担任了第一任校长，在伍校长的努力下，东湾小学从无到有，从简陋到具有一定规模，逐渐站稳了脚跟，为解决广大劳务工子弟的入学，保一方平安做出了巨大的贡献。

随着政府对民办学校扶持和规范管理力度的加大，东湾小学必须解决新建校舍的难题，在这关键时刻，又是湾厦股份公司伸出援手，出资 500 万，腾出一块地，建起了教学大楼。从此，东湾小学步入了规范发展的快车道。但是，新的问题又出现了。由于东湾小学是公益民办学校，收费低廉，政府又没有办学经费的划拨，教师工资待遇很低（2006 年，人均只有 2100 元），教师队伍很不稳定。没有好的教师，办好学校就是一句空话。所以我当时感觉筹集经费，提高教师待遇是当务之急。

唯一的办法，是请求湾厦降低校舍租金，当时学校每年要向湾厦股份公司交租金 80 万元。我要求莫锦华书记逐渐降低租金。

莫锦华书记认真地听取了我的意见，支持我的主张，力排众议说服众多股民，将学校租金从 80 万降到 20 万，这在寸土寸金的南山蛇口相当难得。这样，对于学校相当于得到了每年 60 万元的补贴。我将这笔钱全部用来给老师们涨工资，老师们皆大欢喜，工作积极性得到了极大的提高。

2012 年莫锦华书记因病逝世，但他尊师重教的高风亮节已深入人心。所以以叶伟明董事长为首的新班子坚决按照既定方针，支持东湾的各项措施进一步落实，东湾小学又获得了新的发展机遇。

全心全意奉献教育的莫书记，将永远活在广大师生心中。在东湾小学二楼楼梯间，为他开辟了一面纪念墙，让学生们永远铭记他的仁爱善良，东湾小学校董会授予他永远的名誉董事长荣誉。

在2017年全市优质民办学校评比中，东湾小学不负众望脱颖而出，荣获“深圳市优质民办学校”殊荣（全市仅评6所，东湾是其中之一）。

我经常跟我们老师讲，学校存在发展困境，永远不要丢掉奋斗精神，可以在其他方面输，唯独不可输掉精神。毛主席说，“人的因素第一”、“世界上怕就怕认真二字，共产党就最讲认真”。所以我们要凭良心做事，抱着对孩子负责、对祖国负责的态度，“笨鸟先飞”，抓住机遇，谋求发展。我认为，学校发展教师是关键，而教师的精神状态又决定了他们积极性的发挥。所以，我给自己定下目标，必须尽一切努力，为东湾小学的教师有尊严地幸福地工作、生活奋斗不息。

我在学校管理上做了大量创新，创建了宽松、和谐、激励的校园管理文化，用期望目标激励人，用人格力量感召人，用民主管理凝聚人，用激励、约束机制推动人，用丰富文化生活吸引人，旨在团结凝聚全体师生，打造好的校风、教风、学风和考风，让大家团结一致为共同目标努力前行。

2014年，我撰写了《公益民办学校的教育困局与出路》一文。在南山区教育局征文活动中评为一等奖。我在文中呼吁政府加大对公益民办学校的扶持。随后新提的一些建议逐步得到落实，东湾又迎来了新的发展机遇。

我也经常对老师们讲，你们可以将东湾小学当成一个练兵场，只要有机会，我支持你们有更好的发展，包括报考公办学校，近几年就有七八个教师考进区、市的公办学校。其中，毕业于北体、已在东湾认真服务了两年半、取得明显业绩的体育教师黄崛，已经被蛇口学校招纳门下。

我们在工资待遇、住房吃饭、文化旅游、表演联谊上不断创造条件，为老师们提供更好的工作生活环境。2007年学校组织全体老师上井冈山，2008年组织老师去北京观看奥运会，2009年组织老师去上海参观世博会，之后还去过济南、青岛、郑州、西安、九寨沟等地旅游。我们充分利用东湾小学在体制上的优越性，创新管理机制，使东湾小学呈现出既严肃紧张又生动活泼的充满活力的政治局面。同时我们率先在民办学校建立党支部。从最初的3名党员发展到13名党员、8名入党积极分子的先进集体，正气上扬、校风纯洁。

为了让老师们有更好的身体体魄，我规定每周三下午是全体教师的体育活动时间，所有人不准在教室、办公室里，必须要到运动场参加一小时的体育锻炼，可以玩足球、篮球、排球、气排球等项目，在跳动欢笑的活跃气氛中放松身体缓解身心疲倦。

正是由于东湾小学老师经常参加体育锻炼，所以在南山区的篮球、排球比赛中经常名列前茅，在区园丁杯篮球赛中拿到甲组第四名，在区排球赛中也位列甲组第四。要知道有的公办学校的体育教师就有二三十人，而我们学校只有7个体育教师，能拿到这样的好成绩，是非常难能可贵的。

20年来，东湾老师脚踏实地、兢兢业业，在低工资待遇的情况下，无私奉献不求回报，为维护社会稳定和谐作出了自己的贡献，也培养了不少优秀人才。如2008年北京奥运会深圳火炬手高英慧、全国中学生田径运动会跳远冠军吴振辉、深圳中考语文状元韦婉芳、全国儿童打击乐金牌得主李赛嘉等。

## 六

我在蛇口耕耘教育47余载，与南山教育局的历任局长都有接触，他们的远见卓识和高尚品德，令我很仰慕钦佩。正是他们出色的领导，南山区一直在深圳市教育界处于领先地位。

南头区教育局局长曾建中老先生曾任蛇口渔民小学校长，他在任内四处辗转多方走动，为学校筹集资金、物资，为学校发展建设鞠躬尽瘁，值得蛇口学校永远铭记。

郑耀辉校长和学生在一起

南山区教育局第一任局长刘焯铿，在我印象里永远朝气蓬勃很有闯劲，他的一系列富有想象力的教育战略，使南山教育从一开始就有了超前的宏远布局，后来历任局长几乎都是沿袭他的想法并做创新的，南山教育史上他居功至伟。

刘迅局长是当时广东省唯一的博士教育局局长，他高大魁梧有气场有魄力，是学者和官员两种身份的完美体现。他建立了教科研中心，为南山教育开始腾飞打下坚实基础。刘局长非常有人文气息和亲和力，他经常来蛇口小学指导工作，对我们学校有很多帮忙。

李忠俊局长为人低调谦逊，做事踏实有效率。在他的领导下，一大批学校陆续评上省一级学校。记得1997年蛇口小学迎接省一级学校初审评估时，我们是跟南山另一所学校同一天接受初审的。那天中午李局长给我打电话，要我马上去学校紧急到位，因为南山另外那所学校初评没通过，现在只能将希望寄托在蛇口小学上了。我赶紧去学校召集全体教师提前到位，评估人员对蛇小各方面都很满意，后来我们也成功通过了“省一级学校”评估。

刘晓明局长为人很实在，他随和，接地气，完全没有一点架子。记得我推荐蛇口小学的罗小波参加暑假校长学习班时，曾不经易地和刘晓明局长说过罗小波很不错，没想到不久罗小波就被提拔为副校长。后来在一次活动上，我将罗小波带到刘晓明局长面前：“谢谢刘局长，这位就是罗小波。”刘晓明局长说：“其实我也不认识罗小波，只要是人才，南山就要用。”对这件事我记忆尤深。他是一位知人善任的好局长。

## 七

自从踏上蛇口这片充满传奇色彩的土地，我已经在此耕耘教育 47 余载，一路陪伴着蛇口中小学和东湾小学。我见证了它们的荣耀，也体会着它们的落寞，一直心系着这两所学校。

目前蛇口学校正处于转型发展的关键期，周围集团化学校、名校林立，百姓对名校趋之若鹜，蛇口学校面临较大压力。我认为，蛇口虽是弹丸之地，但它是改革开放第一炮所在地，“蛇口”二字，世界知名。应该在新时代背景下，抓住区域城改之机，实行与品牌企业联合办学的模式，继续弘扬蛇口精神，将蛇口学校打造成教育品牌。这是我作为一个守护蛇口教育的老兵的夙愿。

对于东湾小学的现状，我认为既然国家支持教育公办和民办的双轨制，应该将东湾小学纳入政府公共财政支出范围，使其真正成为南山教育的重要组成部分，这也将是对南山教育做出的重大贡献。

岁月悠悠流畅，白云追逐海水。我从青春活力的小伙子，变成年逾古稀的老人。蛇口学校校门附近的那棵木麻黄树，我看着它从小树苗，一直长成顶天立地的大树。树犹如此，人何以堪。虽然我已经老了，但依然对蛇口教育充满热情，所谓壮志未酬初心不改。对于过去的遗憾，我无法追回，对于未来的希望，我还可以去追寻。我相信，念念不忘，必有回响。作为一个坚守蛇口教育的老兵，我会一直坚守在这片充满传奇色彩的海边重镇，为它的教育发展继续贡献绵薄之力。

# 后　记

根平局长任内，我曾应邀给南山区“先锋班”（即后备校长培训班）和新入职教师培训班的学员讲课，讲课的主题是“我眼中的南山教育”，主要内容是回顾 1990 年至 2006 年间南山教育走过的历程。听课的学员感到很震撼，他们没有想到，南山教育在起步阶段是那么的落后与苍白，他们没有想到，南山教育发展的历程是如此波澜壮阔。他们的反响触发了我的思考，我是否应该做点什么，让南山教育后来者记住前行者的辛劳，让前行者的精神激励后来者创造南山教育更美好的未来。于是，脑海里跳出了“说出你的故事，留下你的精彩”，我想应该编一本南山教育口述史，留下南山教育先行者的奋斗故事，留下他们的思考，留下他们的精神，《南山教育记忆》的主意就这样萌生了。

南山教育从农村教育发展到城市教育，又从城市教育发展到现代教育，充满着传奇色彩。当我们阅读《南山教育记忆》时，会被一个个关于南山教育的故事所吸引。我们会发现，在这个“昔日的渔村”，昔日的“南头公社”和“蛇口公社”里发生的一切，竟然是那么神奇，不可思议，但又那么实实在在，如同眼前的高楼大厦一般坚实地存在！

有人会问，为何口述史只记录到 2006 年为止？原因很简单，我们是以《南山教育志》为依据的。《南山教育志》写到 2006 年，《南山教育志》对 2006 年南山教育的发展阶段及主要成绩有一个基本评价。所以我们把 1979 年到 2006 年看成是南山教育发展的一个大阶段。

我们知道，每一个南山教育者都有自己的故事。《南山教育记忆》把触角首先伸向了已经退休的、当年南山教育的领路人和校长代表，通过他们的口述，让我们了解，南山教育留给我们的最核心的“宝贝”：有远见的顶层设计，不断创新的精神，富有个性的发展路径，广纳人才的队伍建设以及实干精神、廉洁团结。

各位老领导对本书的编写高度关心与支持。我最先是和李忠俊局长谈及此事，李局长非常支持，欣然答应出任本书的编写顾问，对本书的组稿提出了宝贵的意见，同时，审读了部分稿件。刘焯铿局长听到此事后，坚定地鼓励与支持我们，帮助我们解决问题。效民兄已身居高位，但对于编写、出版中的业务问题，他一直悉心指导我，如同当年课改时期一样。各位老领导的热情与关心，仿佛又让我回到了当年激情燃烧的岁月。

退休之后，手头并无资源，恰好认识了时代新韵传媒公司的英子女士，这位团中央“中国下一代教育基金会”授予的2017年度“爱心大使”（全国仅三位）欣然答应与我们合作，无偿支持、派出人员采访录像，整理录音。有时，对同一采访对象需要多次采访，补充资料。英子和她的同事，前后花费了一年多的时间。完成了采访与录音整理工作。真的，我太感谢他们了。

《南山教育记忆》总算完成了，了结了心中的一个蕴藏了久久的心愿。但此时我的心情却又很复杂，因为还有好些同志没能采访上，他们的回忆没有得到表达，如果可能，再编一本吧，让更多的领导和老师留下美好的记忆。

还必须提到一点，在采访时，有一个绕不过去的人，那就是刘迅局长。可惜，我们无法和他对话了。这位英年早逝的局长，比我小5岁，但对我影响很大，他的学识、智慧与远见都值得我学习。我只能做一篇虚拟采访，以表示对他的尊重与怀念。

感谢命运，让我们从大江南北迁徙至南山，南山是我们的第二故乡。我们碰到了一个机遇，我们踏上了一片热土，我们遇到了一群富有教育情怀、充满智慧的领导者。在南山，我们度过了一段激情燃烧的岁月。

2009 年 3 月，我随中国教育代表团在荷兰。有一天晚上，荷兰国家课程院的同行带我们去了乡下酒吧叙谈。从农舍走出来，仰望天空，我突然惊讶于湛蓝湛蓝的天空中，闪耀着的无数星星，那么近，那么耀眼，那么醉人，这是我从来没有见到过的夜空，这就是梵高笔下的荷兰乡村之夜空。南山教育的回忆，就是夜空中那无数的星星，永远闪耀在我们的记忆里。

禹明

2017 年 10 月 1 日